Stella Azulay

COMO EDUCAR SE NÃO SEI ME COMUNICAR?

Copyright© 2022 by Literare Books International
Todos os direitos desta edição são reservados à Literare Books International.

Presidente:
Mauricio Sita

Vice-presidente:
Alessandra Ksenhuck

Diretora executiva:
Julyana Rosa

Diretora de projetos:
Gleide Santos

Capa, diagramação e projeto gráfico:
Gabriel Uchima

Revisão:
Rodrigo Rainho

Relacionamento com o cliente:
Claudia Pires

Impressão:
Gráfica Paym

Dados Internacionais de Catalogação na Publicação (CIP)
(eDOC BRASIL, Belo Horizonte/MG)

A997c   Azulay, Stella.
      Como educar se não sei me comunicar? / Stella Azulay. – São Paulo, SP: Literare Books International, 2022.
      14 x 21 cm

      ISBN 978-65-5922-363-3

      1. Literatura de não-ficção. 2. Educação. 3. Parentalidade. I.Título.

                    CDD 370

Elaborado por Maurício Amormino Júnior – CRB6/2422

Literare Books International.
Rua Antônio Augusto Covello, 472 – Vila Mariana – São Paulo, SP.
CEP 01550-060
Fone: +55 (0**11) 2659-0968
site: www.literarebooks.com.br
e-mail: literare@literarebooks.com.br

Dedicatória

Dedico este livro a todas as mães e pais que foram separados de seus filhos durante o Holocausto.

Que não tiveram a chance de educá-los e de acompanhar o seu crescimento.

Dedico este livro a todas as famílias dizimadas pelo nazismo da 2ª Guerra Mundial.

Inclusive a minha.

Dedico este livro, também por isso, aos meus avós. Sobreviventes desse episódio inaceitável na história da humanidade e que, mesmo com todas as dores e feridas, conseguiram construir uma nova família.

Pequena, mas que carrega na alma essas marcas tão profundas.

Meu avô, fonte da minha inspiração de vida, que faleceu em maio de 2021, não pôde estar aqui hoje para sentir orgulho ao ver este livro publicado.

Ele sempre será meu grande herói.

Dedico a você, meu avô, em especial, esta conquista, este sonho que realizo depois de muita luta.

Suas palavras estarão sempre comigo: "A vida é uma luta, minha neta".

Agradecimentos

Existem pessoas que vão e voltam em nossas vidas e não entendemos bem o porquê. Assim foi com meu amigo Marc Tawil, desde a nossa juventude. Jornalista, como eu, sempre estivemos conectados.

Comecei a escrever este livro em 2019. Quando a pandemia estourou, eu já tinha evoluído bastante na escrita, e considerava que estava com três quartos do livro pronto. No entanto, eu não conseguia me sentir segura na linearidade dele, e não conseguia visualizar como finalizá-lo.

Foi aí que, em 2021, durante um bate-papo pessoal com o Marc, contei sobre meu livro e as dificuldades que estava enfrentando. Na mesma hora, ele me indicou o nome da Mayara Facchini e, graças a este momento, estou agora realizando um sonho.

Por isso, começo agradecendo ao Marc, pela indicação, e à Mayara, pela sensibilidade e profissionalismo. Sem ela, eu jamais teria concluído este projeto.

Mayara reestruturou o livro e foi impecável na organização das minhas palavras e ideias.

Caminhando pela mesma linha de raciocínio de que algumas pessoas vão e voltam em nossas vidas, faço meu próximo agradecimento à Claudia Costin, um dos maiores nomes e referências mundiais quando se trata do tema educação.

Desde que nos conhecemos (já nem lembro quando isso aconteceu), estivemos juntas em diversas situações, fossem elas familiares, sociais ou profissionais. Quando a convidei para prefaciar o livro, antes mesmo de ler o conteúdo, ela aceitou o convite. Confesso que fiquei espantada e até um pouco assustada: o que ela iria achar do meu livro?!

O que ela fez, depois de aceitar o convite, é indescritível. Claudia leu o livro mais de uma vez. Fez encontros virtuais comigo, me orientando em pontos cruciais, fez revisões e trouxe sugestões riquíssimas. Acho que poderia escrever outro livro somente sobre o quanto tenho que agradecer à Claudia, não só pelo prefácio, mas por me inspirar como mulher e ser humano.

Depois disso, pensei, quem seria a pessoa que falaria sobre mim? E a luz veio fácil. Não poderia ser outra, senão minha querida Joyce Pascowitch. Uma pessoa que a vida também me trouxe e que fez permanecer. Jornalista, amiga, nos identificamos desde o primeiro dia. Não teria ninguém com um olhar mais apurado sobre mim, como mulher e profissional, do que ela, que foi minha confidente, incentivadora e amiga em momentos emblemáticos da minha trajetória.

Dito isso, quero agradecer aos formadores de opinião que aceitaram o convite para deixarem registrado na contracapa do livro suas impressões sobre o conteúdo. Artur Grynbaun, que é exemplo e referência no mundo corporativo graças à sua história e postura à frente do Grupo Boticário por tantos anos, e que, hoje, também se tornou referência como pai e defensor das causas familiares na empresa e nas redes. Minha amiga poderosa Bianca Benoliel Schoenfeld, atual VP de Marketing para a América do Norte da Mont Blanc, mãe da ruivinha mais linda que conheço, e que administra a maternidade e uma carreira executiva em Nova Iorque com maestria.

Já, para agradecer à participação do Luciano Szafir, quero agradecer à minha amiga de vida, Simone Bork, que também intermediou o convite. Não foi a primeira vez que ela fez a ponte entre o Luciano e eu, e ele, mais uma vez, com muita simplicidade, aceitou o convite na hora.

Esse grupo veio abrilhantar ainda mais esta obra.

Agradeço também à Literare Books, pelo carinho com este meu primeiro livro e por todo o apoio na orientação para que tivesse a qualidade que tem.

Agora, preciso agradecer àqueles que me inspiram, incentivam e ajudam no meu dia a dia, pois sem eles eu não estaria de pé.

Quero, primeiramente, agradecer a toda a equipe e mentores da Escola de Pais XD, que me ensinam diariamente sobre mim mesma, sobre minha maternidade, sobre meu empreendedorismo, sobre minha missão. Sinto imenso orgulho desse projeto, que tem como propósito salvar famílias e transformar o mundo.

Quero agradecer ao meu braço direito e esquerdo na empresa: Elizangela dos Santos, a Liz, minha amiga, parceira, salvadora, que cuida de mim, se preocupa comigo e que, além disso, cuida de tudo aquilo que eu não gosto de fazer para que me sobre tempo para fazer o que preciso.

Também quero agradecer à nossa *designer* Ariela Tabacnik, que há mais de uma década cuida da minha identidade visual, da minha imagem e de mim. Uma amiga que traz cor ao meu dia a dia.

Por fim, quero agradecer aos meus amigos queridos, que são como uma família, e à minha família de destino e sangue.

Vou começar pela família do meu marido, que torce por mim e está presente na reconstrução da minha vida pessoal. Um agradecimento especial à minha sogra, Cota Azulay, por sempre acreditar em mim e me valorizar.

Ao meu anjo da guarda, Gilmara Santos de Lima, que me ajudou a criar meus quatro filhos. Foi uma mãe para eles e para mim também. Ela se tornou parte da família, minha *coach*, e, se cheguei até aqui, devo muito a ela, mas muito mesmo. Diria que quase tudo.

Ao meu irmão, Henri, companheiro de tantas jornadas, que sempre embarcou nos meus projetos e que, sem dúvida, é com quem aprendi a ser família. Ele é quem conhece e viveu comigo todas as lembranças únicas e inesquecíveis da nossa pequena, mas forte, família.

Aos meus avós, a quem dedico este livro. Eternos. Meus maiores fãs, que sempre olharam para mim com os olhos brilhando, e que me inspiraram a lutar. Falo deles com saudades neste livro.

Aos meus pais, Jacob e Cilly, sem eles eu não estaria aqui. Sem eles eu não existiria. Meu pai, que sempre batalhou na vida para me dar tudo do melhor, estudo, conforto, e que buscou me dar amor e apoio do jeito que conseguiu. Minha mãe, minha melhor amiga, minha musa inspiradora. Sempre que a via cantando nos palcos, brilhando, sentia uma admiração profunda. Ela sempre foi uma mãe presente e dedicada. Que me ensinou valores. Que me ensinou a ser gente. Ela sempre tem uma palavra boa para me dar, que me levanta, me põe para cima, me apoia, me faz sentir confiante e muito amada. Mãe, te amo muito, mas muito mesmo. Obrigada.

Aos meus enteados, Caroline e Alan, que me fizeram enxergar a parentalidade sob um outro olhar, muito desafiador, mas compensador. Cresci muito por eles e com eles, como mulher, como pessoa, e sei que o vínculo que construímos é verdadeiro e real.

Ao meu genro, que me ensinou a ser "sogra--mãe". Aliás, ele não me chama de sogra, me chama de "*mom*", e o que parecia estranho em um primeiro momento, hoje soa muito natural para mim.

Aos meus filhos (e ao meu ex-marido, afinal, somos eternamente sócios neste projeto), Hana, Miriam, Chaim e Meir, hoje, respectivamente com 22, 20, 17 e 13 anos. Eles me tornaram mãe. O que eu aprendi com eles sobre mim e sobre a vida ninguém nem nada poderia me ensinar. Aprender a conhecê-los, e fazer com que eles me conhecessem, me tornou uma pessoa da qual me orgulho quando olho no espelho. Eles são meu cartão de visita. Sinto imensa satisfação pelo que superamos juntos. A relação que tenho com meus filhos se transformou no meu maior troféu.

Por fim, meu marido. Não tive meus filhos com ele, mas é com ele que construo, a cada dia, a família que sonhei.

A gente não conhece os caminhos de Deus, não entende trechos do filme da nossa vida, mas olhando para trás e para tudo o que eu vivi, percebo que vivi para, hoje, ter o mérito de ser a mulher mais feliz do mundo entre quatro paredes. Eu me casei com o homem da minha vida. De caráter fino e coração gigante. Meu melhor companheiro, parceiro, sócio, amigo e amante. O melhor "paidrasto" que meus filhos poderiam ter. Frank, este livro é o filho que não tivemos juntos. Este livro é fruto do sonho que sonhamos juntos, da vida que escolhemos viver, do amor e respeito que temos um pelo outro. Obrigada por escolher estar comigo de fato e por inteiro, em todos os dias que você acorda. Juntos somos melhores. Te amo para sempre.

Prefácio:
Pais que se educam para que os filhos aprendam

por Claudia Costin

Neste livro interessante, Stella se debruça sobre uma questão vital para a Educação: a necessidade de que os pais se eduquem para a complexa tarefa de criar bons cidadãos preparados para um mundo que se transforma rapidamente, trazendo grande insegurança e descontinuidades.

O ângulo escolhido pela jornalista e educadora é o da comunicação. Afinal, não há como educar os filhos sem um diálogo sadio em que os papéis estejam claros na família ("pais não são coleguinhas"), e os filhos se sentem seguros em falar de sentimentos, eventuais erros e medos.

Além disso, enfatiza Stella, as narrativas em família são importantes, pois transmitem valores. Mas, ressalta corretamente a autora, não se trata de preleções, mas sim de relatos, não só do que nós pais fizemos de positivo, mas de eventuais erros e do que aprendemos com eles. O mesmo é válido com os filhos: eles também precisam aprender a falar de suas realizações e de desafios persistentes. Mais do que isso, precisam saber falar de emoções, positivas ou negativas. E nós precisamos aprender a ouvi-los.

Mais do que adotar um enfoque teórico sobre a comunicação que deve ocorrer dentro de casa, Stella Azulay traz para a prática tudo o que propõe. Conta suas experiências como mãe de quatro filhos, em situações desafiadoras, e narra suas lembranças como filha e neta, sempre associadas a sugestões práticas.

Desta forma, o livro se torna uma leitura extremamente agradável, útil para leitura individual ou para apoiar em cursos de parentalidade, ainda raros no Brasil.

Uma parte importante do livro é sobre como educar para valores. Neste sentido, Stella corretamente mostra que as crianças aprendem, sobretudo, com exemplos dos adultos que as cercam, especialmente os pais. Não faz sentido recomendar comportamentos que os pais são incapazes de adotar. Aqui, também, o diálogo é um auxiliar fundamental. Se o pai ou a mãe ainda não consegue agir de acordo com um valor que gostaria que inspirasse seu filho, faz sentido mostrar-lhe que está se esforçando nessa direção. O livro traz sugestões importantes nessa direção.

Muitas vezes, as escolas se queixam, por vezes injustamente, de que os pais não cumprem com a sua parte na educação de seus filhos. Da mesma maneira, os pais lamentam uma pretensa falta de dedicação dos professores.

Talvez, neste contexto, mais do que buscar bodes expiatórios para os ressentimentos e frustrações dos dois lados, deveríamos, cada um, fazer a nossa parte e construir uma comunicação mais efetiva entre os pais e a equipe escolar.

Este livro será, certamente, uma ajuda valiosa para pais que querem se educar para a tarefa mais importante de suas vidas e para apoiar os professores que tentam, não sem dificuldades, contribuir para que todas as crianças e jovens se desenvolvam, tanto intelectualmente quanto como seres humanos plenos e empáticos, sem deixar ninguém para trás.

Só assim, construiremos um mundo melhor!

Como educar se não sei me comunicar?

Claudia Costin é fundadora e diretora do CEIPE FGV – o Centro de Políticas Educacionais da Fundação Getulio Vargas, Rio de Janeiro. Foi diretora global de educação do Banco Mundial e, em 2019, membro da Comissão Global sobre o Futuro do Trabalho da Organização Internacional do Trabalho (OIT). É professora visitante da Faculdade de Educação da Universidade de Harvard, tendo lecionado também na PUC-SP, no Insper e na Enap (Canadá). Foi ministra da Administração e Reforma do Estado, secretária de Cultura do Estado de São Paulo e secretária de Educação do município do Rio de Janeiro. É articulista da Folha de São Paulo, comentarista-especialista em Educação para a CNN Brasil e cofundadora do movimento da sociedade civil Todos Pela Educação. Integra, desde o final de 2020, o UIL – Instituto para Aprendizagem ao Longo da Vida – Institute for Lifelong Learning – da Unesco, e o Conselho da Qatar Foundation.

Introdução

Como mentora de pais e adolescentes há mais de dez anos, a reclamação que mais escuto em minhas consultorias e palestras é a de não saber como se comunicar com os filhos. Frases como "meu filho não me escuta", "meu filho não conversa comigo" e "não sei como puxar uma conversa com meu filho" fazem parte do meu dia a dia. Os problemas de comunicação trazem dificuldades para todas as relações, mas, especialmente na relação entre pais e filhos, não saber como se comunicar pode gerar memórias afetivas negativas que estarão presentes durante toda a vida. Sei que todos já passamos por situações desagradáveis, e algumas memórias de quando eu era mais nova foram especialmente marcantes para que eu compreendesse, hoje, como os pequenos acontecimentos do dia a dia poderiam ter sido mais fáceis se, na minha família, tivéssemos tido conversas mais eficientes.

Eu me recordo de uma noite de Páscoa Judaica, quando eu tinha por volta de 12 ou 13 anos. Na época, meu pai não seguia protocolos e regras religiosas, mas a Páscoa, o Ano Novo e o Dia do Perdão eram festas muito respeitadas por ele. Nossa mesa era arrumada com tudo que tinha de melhor na casa. Talvez não fossem as louças mais chiques do mundo, mas eram preciosas para nós. Toda a ideia da celebração dessa data girava em torno de contar para as crianças como tinha sido a saída dos judeus escravizados no Egito e, por tradição, durante a leitura dessa história, deve-se beber quatro copos de vinho ou de suco de uva. Em casa, só tínhamos vinho, e como eu já estava um pouco mais mocinha, meu pai deixou que eu desse uma bicadinha na bebida. Aquele pequeno gole esquentou todo meu corpo e me soltou. Com isso, comecei a achar graça em várias coisas e dei risadinhas inapropriadas e fora de contexto. Vinho é vinho, né?

Até hoje, lembro a reação do meu pai:

— Pode sair da mesa, Stella. Agora. Quer rir, vai rir no quarto. Aqui não tem nada engraçado.

Lembro perfeitamente do mal-estar que senti com a reação dele. Eu me levantei da mesa e fui para o meu quarto me acalmar e curar a minha "bebedeira". Naquele dia, chorei e senti muita raiva do meu pai, e só hoje consigo compreender que toda aquela situação poderia ter ocorrido de outra maneira se a nossa comunicação fosse melhor. Impor o limite era necessário naquela situação, mas a forma como esse limite foi colocado poderia ter sido diferente.

Não quero dizer com isso que culpo meu pai por essa lembrança desagradável, hoje tenho consciência da história dele e sei que o mundo evoluiu, e que a educação parental, à qual tenho dedicado minha vida profissional, sequer existia naquela época. Meu pai precisou virar chefe de família aos 17 anos e a vida não permitiu que ele fosse um adolescente, virou adulto rápido demais, com muitas responsabilidades, e isso fez dele um homem rígido, exigente e inflexível no que se refere às regras.

Apesar de tudo, por conta da educação que recebi dele, eu sempre soube quem eu sou e qual é o meu lugar. Sempre tomei decisões e assumi minhas responsabilidades. Sempre tive coragem de encarar as situações de frente. Sou uma mulher forte e madura. E o que vou compartilhar neste livro com vocês é fruto das experiências que aplico e apliquei no meu dia a dia, e que me trouxeram muita evolução e resultados.

Sinto que falar sobre a comunicação é importante, porque a comunicação é a base de qualquer relacionamento que decidimos construir na vida. Seja em um ambiente profissional ou em um relacionamento conjugal. E com os filhos não seria diferente. Uma frase errada, mal colocada, ou uma frase certa e com propósito pode fazer você ganhar, ou perder, esse relacionamento, daí a importância de levarmos esse assunto a sério.

Sempre falo em minhas palestras que, quando queremos ensinar algo para nossos filhos, precisamos nos imaginar como mentores para eles. Sim, é preciso criar regras, mas também é preciso ser sempre coerentes com elas. A admiração que os filhos desenvolvem pelos pais é construída conforme eles crescem e enfrentam a vida adulta. Só então eles passam a perceber como foi bom ter recebido uma educação com limites.

Neste livro, não tenho pretensões acadêmicas. Minha intenção – já que estamos falando de comunicação – é realmente estabelecer uma conversa com pais e mães, para ajudar a construir esse tipo de relação. Quero compartilhar um pouco do meu conhecimento em comunicação, enquanto jornalista e educadora parental, além da minha história, contando o que eu mesma experienciei como filha, neta, e de tudo um pouco com os meus quatro filhos. Compreendo que essa dificuldade na comunicação gera uma dor muito grande. Como é possível impor limites, criar vínculos e construir confiança se eu não consigo me comunicar bem? Por meio da educação parental.

A educação parental, também conhecida como educação dos pais, proporciona o conhecimento, as ferramentas e o apoio para desenvolver os laços entre pais e filhos e, assim, melhorar o bem-estar da criança e da família. Na educação de pais, também buscamos ensinar como trabalhar as habilidades socioemocionais, as angústias e as ansiedades ou, até mesmo, a educação financeira, por exemplo. Dentro dessas questões, acredito que a comunicação seja um dos pilares fundamentais para que sejamos pais melhores, e é por isso que ela será o nosso foco a partir de agora.

Sumário

Parte 1:
A dor de não conseguir
se comunicar com os filhos............................25

Conversa, intimidade e vínculo.............................35

Transpor barreiras e falar sobre
os próprios sentimentos.........................43

Confiança e limites................................47

Autoridade e respeito...........................54

Parte 2:
Pais não são perfeitos...............................61

O mundo mudou, criação não tem a ver
com imposição 66

O ensino de valores começa em casa 72

Gestão de pessoas e gestão de emoções..................79

Parte 3:
Reconhecer que há um problema 89

Quando nascem filhos, nascem pais 95

A coragem para pedir ajuda.............................98

A falta da cultura da educação parental 101

A função educadora x amor e intuição 104

Parte 4:
A educação parental muda o mundo 109

Escutar também é comunicar 116

Reconhecer sentimentos e conversas maduras 120

Conhecer o perfil dos filhos 126

Education skills 135

Parte 5:
A importância do storytelling 139

Abrir espaços de comunicação 146

O poder da história pessoal na educação dos filhos 149

Humanizar as relações 154

Memórias afetivas criam vínculos 158

Parte 6:
Conhecer as próprias raízes 163

Escutar as histórias da minha família me fortaleceu.... 168

Ensine seus filhos a contar as próprias histórias.......... 173

Compartilhar histórias entre a própria família 178

As histórias dos outros 181

Parte 7:
Que filhos eu quero deixar para o mundo? 189

Carta ao leitor 193

Escola de Pais 198

Epílogo:
Não faça,
seja a diferença no mundo (por Marc Tawil) 201

Parte 1:
A dor de não conseguir se comunicar com os filhos

⁂ PARTE 1 ⁂

Já parou para pensar no que é dor?

A dor pode ser definida como uma sensação penosa e desagradável que varia de intensidade e que tem causas variadas. Quando falo sobre problemas de comunicação entre pais e filhos, percebo que, muitas vezes, alguns pais sequer percebem a conexão da dor que sentem com o problema da comunicação. Inclusive, é até comum vê-los não encarando as falhas de comunicação como um problema fundamental e que causa tantos outros transtornos durante a criação dos filhos.

Muitos pais sentem um bloqueio para compreender o que os filhos precisam e, mais ainda, sentem uma dificuldade enorme de entender o que eles querem. Essa missão realmente não é fácil porque, para além de tudo, temos um vínculo afetivo forte com nossos filhos e, por mais que saibamos que precisamos ensinar lições, também queremos ser compreensivos. Como melhorar, então, essa sensação de incerteza sobre o que fazer?

A primeira dor dos pais com a falta de comunicação costuma vir da falta de definição de regras e de valores dentro de casa. Essas informações precisam estar bem definidas, para que sejam ensinadas com maior clareza e, aqui, não importa se os seus valores vêm de sua família, se foram definidos por você e pelo seu companheiro(a) de forma conjunta ou se terão que ser decididos por conta própria, caso você seja uma mãe ou pai solo. O que importa é que as regras e os valores estejam claros. Só assim você será capaz de transmitir a mensagem certa para os seus filhos.

Outro ponto importante é compreender que o primeiro passo para a comunicação externa é, justamente, a comunicação interna. E quando falo sobre comunicação interna, significa que essa comunicação precisa estar organizada dentro de cada um como indivíduo. Só assim será possível desbloquear as barreiras e limites pessoais que, muitas vezes, colocamos a nós mesmos. As famosas crenças autossabotadoras.

É preciso se livrar de frases como "não sou um bom pai", "não sou comunicativo" ou "não sei o que eu quero do meu filho". Precisamos nos comunicar com nós mesmos para definir quais serão as regras aplicadas dentro de casa, por exemplo, "nesta casa, criança tem horário para dormir", "só passaremos duas horas atentos ao celular". Pode parecer que não, mas é preciso ter tudo isso, de forma clara, em mente, para saber como seguir.

Para quem vive a dois, a comunicação com os filhos também começa pela comunicação entre os pais. Você e seu(sua) companheiro(a) conversam entre si para alinhar quais serão as regras da casa? Já pararam para prestar atenção se vocês compartilham os mesmos valores? Falar sobre valores é complexo, eu sei, e é uma conversa bastante íntima que precisa acontecer entre o casal, porque as crianças ainda não estão preparadas para discutir esse assunto. Elas aprenderão sobre isso, justamente, ao ouvirem os pais.

Quando as crianças deixam de ser bebês, começam a crescer, outra questão que costuma ser muito dolorosa para os pais é o tom de voz. Como colocar limites? Devo gritar, proibir, ser firme, ríspido? Ou deixo que os meus filhos façam tudo e apenas dou risada para ser um pai legal? Ainda que pareça que os limites devam começar a ser ensinados nessa fase, quando as crianças já estão um pouco mais crescidas, a verdade é que os limites começam a ser delimitados desde muito antes.

Vou dar o exemplo da criança que engatinha para dentro da cozinha, abre o armário inferior e começa a tirar todos os *tupperwares* e potes do lugar. A reação mais comum hoje é que a mãe comece a filmar para postar nas redes sociais, dê risada e ache graça da situação porque, de certa forma, é engraçado mesmo e a filha aprendeu alguma coisa nova. Amanhã, a criança repetirá a ação com os brinquedos, e a mensagem que ela recebeu antes é a de que fazer bagunça é algo positivo, porque, afinal, arrancou risadas da mãe. Nesse momento, a comunicação já aconteceu, percebe? Não quero dizer com isso que precisamos ser pais rígidos, duros, e que não podem curtir a preciosidade desses pequenos momentos com os filhos, mas é importante trazermos para a consciência que podemos aproveitar esses momentos para nos comunicar e ensinar os limites que queremos ver no futuro.

Se dentro dos seus valores e regras é importante para você que o seu filho, ou filha, seja organizado, para impor esse limite e passar esse ensinamento, você deve prestar atenção no seu tom de voz, no olhar e na expressão facial que está transmitindo, porque a comunicação também está nisso, não nos comunicamos apenas com palavras. Você deve estar atento também ao sentimento, para nunca expressar raiva nesses momentos. O gerenciamento de emoções dos pais é de extrema importância para a educação dos filhos, nós somos adultos e isso precisa estar mais estruturado dentro de nós, porque certamente ainda não estará dentro das crianças.

A dor de não saber que tom usar pode estar atrelada a não saber como se conectar com os filhos em momentos positivos. Quando o seu filho chega da escola, por exemplo, você pergunta como foi o dia dele? O que comeu, com quem brincou? E aqui ressalto que é importante demonstrar um interesse genuíno no que ele está dizendo, porque, nesses casos, a comunicação exige elaboração da nossa parte. Assim como nós percebemos quando alguém não está prestando atenção ao que dizemos, ou que não está

Como educar se não sei me comunicar?

dando tanta importância a uma história que estamos contando, as crianças também têm essa sensibilidade.

Então, quando falo de dor e digo que muitos pais sequer percebem a presença dela, é porque ela está escondida, de forma sutil, nas pequenas coisas do dia a dia: o que eu falo? Como eu falo? Quando falo? Decidir ser pai é decidir nos colocar na posição de um educador, e para isso, inevitavelmente, precisaremos nos desenvolver como pessoas também. É preciso preparo. É preciso ter essa consciência de que será necessário amadurecer a própria visão e o próprio comportamento. Eu sempre digo: pais infantilizados tendem a ter filhos sem limites, sem repertório e sem referências.

Quando falamos, então, de adolescentes ou crianças com comportamentos desafiadores, impor limites se torna uma tarefa ainda mais complexa. É aquele famoso diálogo que começa com: "Filho, vai tomar banho". E termina com o teimoso: "Não, não vou". Como podemos transformar essa cena – que sempre se repete – em um processo que não seja traumático para a família? Eu respondo: nos detalhes da rotina, na construção da comunicação, porque, preciso dizer, ela não se tornará assertiva do dia para a noite.

Cada vez que você erra na comunicação, você logo percebe o erro e sabe que aquilo não deu certo. Quando a mesma situação se repete, você se sente frustrado porque parece não estar avançando para onde gostaria, e tenho certeza de que começa a se perguntar como poderia melhorar a criação dos seus filhos. O primeiro passo para isso é saber aonde você quer chegar, e o quanto antes começar, melhor. Sei que bebês são fofinhos e que nós, pais, achamos tudo encantador nessa fase. O bebê pode empurrar tudo o que está na mesa, fazer uma baita sujeira, e acharemos lindo. Mas não é, porque a partir desta nossa reação, o bebê passará a achar que aquilo é certo. Como disse antes, a comunicação não se dá só por palavras e, portanto, começará muito antes de o bebê aprender a falar. Você se comunica também com o tom de voz e a expressão facial, e essa última sempre conversa muito com os filhos. É tudo uma questão de treino, e treinar a comunicação para além das palavras será um excelente desenvolvimento pessoal. Vai fazer bem para a relação com o cônjuge, com os amigos, familiares e até no trabalho.

Minha primeira filha sempre teve uma personalidade forte, desde pequena. Quando a irmã

Como educar se não sei me comunicar?

nasceu, vieram os ciúmes, e eu sinto que, naquela época, eu não soube me comunicar bem com ela para evitar possíveis conflitos ou para esclarecer o que eram aqueles sentimentos. Eu me comovi e abrandei a situação, porque sentia o sofrimento dela com os ciúmes que ela sentia pela irmã. Não saber impor esses limites e não me comunicar bem em relação àquela situação fez com que muitos embates acontecessem.

Posso até ter acreditado que contornei o cenário nessa época, mas o que eu não fiz quando ela era pequena me custou depois. A conta sempre chega e eu paguei muito caro, até conseguirmos construir limites saudáveis entre nós. Só depois que ela atingiu a idade de jovem adulta – e já casada – é que conseguimos acertar nossa comunicação, mas foi muito prejudicial para nós três ao longo do tempo. Hoje, percebo que deveria ter assumido uma postura completamente diferente, deveria ter encarado a situação e conversado de forma madura, pois eu era a adulta ali, mas não verbalizei, não soube como. Eu sabia que os ciúmes existiam, e falava sobre ele com outras pessoas, mas não com ela. Hoje, sei que tudo poderia ter sido diferente se eu tivesse dito:

"Filha, o que você está sentindo tem nome, chama-se ciúme, e compreendo que é difícil mesmo, vamos conversar sobre isso?".

Quando a minha segunda filha nasceu, a primeira tinha um ano e dez meses, e ela já era muito evoluída porque, na época, eu tinha bastante tempo livre e investi muito nos estímulos cognitivos dela, com a leitura de muitos livros. Hoje, olhando para trás, sinto que ela tinha alguma maturidade para compreender, dentro da limitação da idade, claro, mas eu não tive a força emocional para falar com ela e mostrar os limites em relação à irmã. Havia dor. Foi doloroso de lidar.

Conversa, intimidade e vínculo

Situações delicadas como essa que vivi com as minhas filhas nos deixam vulneráveis, e a vulnerabilidade pode vir acompanhada de muitas emoções turbulentas. Medo, insegurança, incerteza... No entanto, o que eu achei que fosse estremecer a minha relação com a minha filha naquele momento era justamente o que criaria um vínculo entre nós, pois seria um momento de intimidade. Estaríamos ali falando de um sentimento dela, mas meu também, teríamos compartilhado uma dificuldade juntas.

Brené Brown, especialista em vulnerabilidade e autora *best-seller* de diversos livros sobre o assunto, está entre os cinco[*] TEDs mais assistidos no mundo. Nele, a autora explica que a vulnerabilidade é definida como algo incerto e arriscado, que nos expõe emocionalmente, mas que, na verdade, isso é algo positivo. É a partir dessa vulnerabilidade que nascem as emoções importantes para vivenciarmos as relações humanas. Ela considera que aceitar a vulnerabilidade é a base para se ter coragem e nos lembra, ainda, que nenhum ser humano nunca experimentou incertezas e o medo da exposição. Precisamos da vulnerabilidade para conduzir nossas vidas, viver, amar e criar nossos filhos.

Pensando nisso, como devemos fazer, então, para ter conversas, criar intimidade e vínculo com nossos filhos? Falando sobre as coisas reais. Tratando dos temas que estão doendo para cada um da família. Precisamos aprender a falar sobre os nossos sentimentos e compreender

---

[*] REVISTA TRIP. Disponível em: <https://revistatrip.uol.com.br/tpm/brene-brown-do-ted-o-poder-da-vulnerabilidade-fala-da-importancia-de-se-reconhecer-imperfeito>. Acesso em: 05 de jan. de 2022.

que todos estamos enfrentando emoções de alguma forma. Hoje, eu verbalizo muito mais do que antes, não tenho mais receio de dizer: "Filha, você está me deixando nervosa, eu não quero passar por isso e você também não, certo?". Consigo ser mais direta e honesta nas conversas com ela e não é mais tão difícil dizer algo como: "Esse seu comportamento está me deixando chateada, vamos falar sobre isso?".

Essa prática é válida para todas as idades. Imagine quando uma criança pequena dá um "tapinha" no rosto da mãe, por exemplo. Vejo muitas mães ficarem sem graça com a situação, porque estavam em frente a algumas pessoas, então dão um sorriso amarelo e deixam passar. Esse sorriso desconfortável pode parecer a saída mais fácil, mas não vai criar o vínculo e a intimidade necessários para as conversas futuras. É preciso dizer algo na hora, e demonstrar com as expressões faciais a seriedade do que a criança fez. Sem perder a cabeça, é claro, e sem precisar se exceder, mas dizer com todas as letras: "Não faça isso, não é certo. Quando você faz isso, a mamãe fica triste e isso me afasta de você".

São essas conversas, sobre acontecimentos reais, assuntos reais e emoções reais, que criam o vínculo que tantos pais buscam. Conversar é a melhor forma de construir a ponte entre pais e filhos, ponte que permitirá, futuramente, que o seu filho se sinta à vontade para conversar com você. Com sinceridade, para mostrar os próprios limites dele, percebe? Por mais difícil que seja, é muito gratificante ouvir frases como "mãe, não gostei disso" ou "mãe, essa situação me deixa com vergonha". Isso significa que seu filho também está aprendendo a impor limites e a perceber como ele se sente.

Sempre busco meus filhos na escola, e quando busco o menor – geralmente depois do trabalho –, muitas vezes estou nervosa com alguma coisa que aconteceu ou, então, ainda tentando desligar meus pensamentos dos acontecimentos do dia. E sei que todos nós já estivemos nessa situação. Quando é assim, logo que ele entra no carro, querendo compartilhar alguma novidade comigo, já aviso: "Filho, eu estou estressada hoje com um problema do trabalho, não é nada com você, ok? Mas não adianta me contar nada agora porque eu não vou conseguir escutar como eu quero, podemos falar depois?". Além de demonstrar respeito com a pessoa que está com você, começar conversas de uma forma sincera e honesta traz maturidade para as relações, principalmente nas relações com as crianças.

Às vezes, meu filho fica curioso ou preocupado e pergunta o que aconteceu e se ele pode me ajudar de alguma forma. Se é algo que eu consigo (e posso) contar, eu falo. Porque é importante falarmos sobre o nosso trabalho e a nossa realidade para os nossos filhos, para que eles percebam o mundo. Precisamos compartilhar até as pequenas frustrações, as simplicidades. Assim como as dores da comunicação estão escondidas nas sutilezas do dia a dia, as possibilidades de criar vínculos e intimidade também estão. Se seu filho entra na cozinha, vê você um pouco chateada e pergunta "mãe, o que aconteceu?", por que não ser honesta e usar esse momento para falar sobre as próprias emoções? "Poxa, filho, tentei assar um bolo que não deu certo, e me sinto um pouco frustrada". Eu sei que o que acontece na prática é que não pensamos sobre o que estamos fazendo, ficamos impacientes e respondemos "nada, filho, nada". Desligar esse piloto automático da resposta pronta cria oportunidades de troca com nossos filhos e, consequentemente, uma comunicação mais eficiente.

Como educar se não sei me comunicar?

Outro exemplo clássico de piloto automático ligado é quando a mãe quer que a criança coma a comida e a criança não quer. Qual é a nossa reação mais comum diante dessa cena? Insistir, brigar, forçar... E se, em vez de insistir, sem pensar no que estamos fazendo, passássemos a realmente tentar compreender o que está acontecendo? A sua mente precisa começar a trabalhar com o diálogo: "Por que você não quer comer, filho? Não gostou da aparência da comida? Está se sentindo mal?". Momentos como esse são excelentes para compreender como seu filho se sente e são, também, uma demonstração de carinho e afeto. Percebe como a comunicação, o vínculo e o afeto estão conectados? São formas de buscar conexão, como você faria com um outro adulto.

A comunicação está sempre na fala e na escuta, mas também pode estar no toque. O contato físico cria intimidade e é muito importante até uma certa idade. Mesmo com os filhos adolescentes que já não gostam de abraços e mãos dadas e, às vezes, se sentem invadidos de alguma forma, pode-se encontrar alguma maneira de manifestar esse carinho e esse amor. Passando a mão na cabeça, fazendo um cafuné ou se sentando perto para assistir a um filme na sala.

Estar presente no momento é fundamental para a criação de vínculos saudáveis. Só assim teremos a capacidade de perceber e compreender o que os nossos filhos estão dizendo e, também, o que não estão dizendo. Sempre digo que ser pai e mãe é a profissão mais difícil de todas. É preciso muita sabedoria e sensibilidade, mas a boa notícia é que todos somos capazes de desenvolver essas habilidades. Quando estamos conscientes sobre o nosso presente, conseguimos planejar o que queremos para o futuro. Como é o filho que eu quero que entre na minha casa quando ele tiver 30 anos? O que espero dele como ser humano? É construir a relação de agora, pensando no amanhã. E essa construção começa com você: com respeito, hierarquia, diálogo, escuta, carinho, vínculos, valores e regras.

E quanto às regras, elas devem ser seguidas, mas acho importante complementar que não precisam ser as mesmas durante toda a vida. Contanto que haja coerência com os seus valores e intenções, pode-se rever algum ponto e depois comunicar os motivos pelos quais uma regra está sendo revista. Eu apliquei regras para a minha primeira filha que precisei rever quando tive o terceiro filho, por exemplo. O meu menor, às vezes, quer saber de coisas que os maiores já sabem e preciso sempre rever se é necessário fazer alguma adaptação, porque os cenários mudam, o desenvolvimento de um filho em relação a outro varia e os contextos familiares também. Não é preciso ser inflexível, mas é fundamental que se verbalize o motivo da mudança. Lembre-se de que as conversas afetivas, maduras e não-violentas sempre serão a base para qualquer vínculo e relação de confiança.

Exercício

Vamos fazer um exercício? Defina a seguir cinco regras que você poderia implementar hoje na sua casa. Não se esqueça de considerar tudo o que falamos até aqui. Deixe o autoritarismo de lado e pense por que essas regras são importantes. Você vai precisar comunicá-las e explicá-las para os seus filhos.

1. _____

2. _____

3. _____

4. _____

5. _____

Transpor barreiras e falar sobre
os próprios sentimentos

Sempre ouço os pais reclamarem muito que os filhos não se abrem com eles. Essa é outra das grandes dores que acompanho em minhas mentorias e palestras.

A situação fica ainda pior quando os pais descobrem algo por terceiros, por exemplo. É uma sensação péssima descobrir através de outras pessoas que nosso filho estava sofrendo *bullying*, ou estava triste, ou chateado com algum acontecimento. "Por que ele não se sentiu à vontade para compartilhar os sentimentos conosco?" – é o que os pais começam a se questionar. Isso acontece porque a cultura de expressão de sentimentos não foi desenvolvida em casa, e cabe ao pai, à mãe ou ao responsável criar essa cultura dentro do lar.

Muitas pessoas são mais fechadas e têm grandes dificuldades em falar sobre o que sentem. É preciso respeitar essa recusa até certo ponto para não violentarmos uma personalidade que pode apenas ser mais introspectiva. Mas tem um limite em que essa falta de verbalização não é nada saudável. E é aqui que precisamos começar a transpor barreiras, para que tenhamos um mínimo de conexão mais íntima com nossos

Como educar se não sei me comunicar?

filhos. É através da nossa própria fala que vamos criar repertório para que eles consigam identificar o que estão sentindo, percebam que nós pais também sentimos aquela dor e que, sim, podemos compartilhar com eles as nossas emoções. Ninguém é imune a sentimentos, e falar sobre eles gera identificação. Acolhimento.

Quer um exemplo?

Quando a pandemia começou, as emoções mais comuns entre os adultos foram a angústia, a ansiedade, o medo. Garanto que muitas crianças que não puderam mais ir para a escola, e perderam o contato com os amigos, com os avós, com os primos, também sentiram a mesma coisa. O mesmo com os adolescentes que perderam a liberdade, a companhia dos amigos, as atividades em grupo. Entretanto, muitas crianças e adolescentes sequer conseguiram identificar e verbalizar o que estavam sentindo porque os pais tiveram medo de falar sobre isso, de trazer o assunto à tona de forma natural.

A partir do momento em que os pais conseguem transpor essa barreira e demonstram a própria vulnerabilidade, eles criam a possibilidade de que os filhos façam o mesmo e expressem como eles estão se sentindo.

Assim, essa dor, que até um primeiro momento não tem nome, passa a ser real, fica verdadeira. Nós pais precisamos ser um exemplo de que a angústia, a tristeza e a raiva existem, e de que é possível superá-las. Somos todos humanos e vamos chorar quando for preciso.

A partir disso, as conversas no carro, que antes ficavam apenas no "como foi seu dia hoje na escola?", podem passar a ser mais íntimas e profundas também: "Como você se sentiu na escola hoje?". É nosso papel, enquanto pais educadores, ajudar nossos filhos a nomear os sentimentos, nós é quem somos os responsáveis por facilitar esse desenvolvimento emocional, até nas frustrações.

Meu filho menor é ótimo na área de humanas, mas tem bastante dificuldade na área de exatas. Certa vez, ele tirou 6,5 em uma prova de matemática e parecia estar bastante aborrecido, então perguntei: "Filho, você não está feliz com essa nota?". E ele me respondeu que não, porque odiava a matéria. Eu me sentei com ele para conversar sobre isso e expliquei que não havia problema nenhum em não gostar de uma matéria ou ter dificuldade com ela, porque em outras ele era excelente e tinha bastante facilidade em aprender. Falei que nós não seremos bons em todas as áreas.

Como educar se não sei me comunicar?

Ensinar essa perspectiva para as crianças desde pequenas ajuda a diminuir um pouco a cobrança e a carga emocional que elas podem estar sentindo. É uma expectativa irreal dos pais exigir que os filhos sejam brilhantes em todas as áreas de estudo.

A partir de conversas como essa, você passa a abrir oportunidades para ter diálogos sobre diversos outros assuntos. Pode falar sobre habilidades, sobre talentos, dificuldades e até compartilhar memórias pessoais. Eu também sempre odiei matemática. Quando meu filho me diz "a minha vida seria muito melhor se não existisse matemática", eu posso ser sincera e responder para ele como realmente me sinto em relação a isso: "Pois é, filho, eu concordo com você, mas vamos precisar usá-la durante toda a vida para pagar contas, planejar as despesas... Você ainda pode odiar matemática, mas precisa encontrar uma forma de lidar com ela". A vida é cheia de coisas que precisamos lidar e de que não gostamos. Criar essa consciência nas crianças será um enorme diferencial, um facilitador, para encarar os desafios futuros.

Sei que alguns pais sequer buscam ter essas conversas porque têm medo do que vão escutar. Porque sentem que não saberão lidar com a resposta que virá dos filhos, mas quando você encara esse desafio de frente, você está ajudando a abrir diálogo, a ampliar a conversa para todas as direções. Ao mesmo tempo, está criando tudo aquilo que falamos antes: intimidade, vínculo e conexão. Faça um teste! Quando perceber que seu filho ou filha está um pouco quieto(a) e parecendo "com a cabeça na lua", pergunte: "Tá pensando no quê?". Sempre respeitando, claro, a personalidade e a intimidade, não como uma forma de invasão, mas de interesse genuíno em construir esse relacionamento.

Confiança e limites

Lembre-se sempre desta frase: "As crianças testam limites porque elas sabem que precisam deles".

E para que você consiga colocar os limites que deseja, seu filho precisa confiar em você. A confiança também será construída a partir de tudo que temos conversado até aqui, mas o grande desafio, muitas vezes, é ter a paciência que isso pode exigir em determinadas situações. As crianças e os adolescentes não estão prontos para compreender que alguns limites e regras são necessários, e podem

Como educar se não sei me comunicar?

reagir com atitudes bastante desafiadoras. Como lidar quando seu filho não concorda com os limites ou regras que você está impondo? Por meio da gestão das suas emoções, afinal de contas, o adulto da história é você!

Não perder o controle emocional diante de uma situação em que, claramente, seu filho o está desafiando é um excelente exemplo para eles de como encarar adversidades no futuro. Respirar fundo e não sentir raiva ajudarão você a ganhar o respeito que precisa para a construção da confiança e da hierarquia. Aos poucos, a imposição dos limites passará a ser menos desgastante.

Uma outra ferramenta que pode ajudar muito os pais nessa fase é o autorreconhecimento. Como falamos antes, somos todos seres humanos lidando com emoções e estamos sujeitos à vulnerabilidade. Nem sempre conseguiremos manter o controle e, em algumas situações, vamos explodir. Tudo bem. Justamente por isso, gosto de relembrar aos pais que é perfeitamente normal perder a paciência às vezes, mas como tiramos proveito do nosso erro é mais importante ainda.

Quando eu perco o controle, me retiro por algum tempo para me acalmar e refletir sobre o que aconteceu, e depois volto aos meus filhos e peço desculpas por ter me excedido naquele momento. Percebe como, o tempo todo, surgem oportunidades em que podemos ser o exemplo para eles? Não é demérito algum pedir desculpas quando estamos errados. Isso ensina que eles podem e devem fazer o mesmo. É justamente nos momentos difíceis que podemos encontrar as oportunidades de nos tornar mentores para os nossos filhos.

Aos poucos, a relação hierárquica de respeito e mentoria começa a ser criada e só assim conseguiremos atingir a influência que buscamos ter na educação de nossos filhos. Não estaremos sempre certos, assim como não saberemos de tudo. Ao estarmos expostos e dispostos a ser mais vulneráveis nas relações, ganhamos a confiança que tanto buscamos. Não é preciso ter medo de dizer ao seu filho que não sabe a resposta para uma pergunta que ele fez. Seja honesto e diga "não sei, filho, vou pesquisar e respondo depois". E não fuja também da famosa, e assustadora, pergunta que virá em algum momento: "Mãe, de onde vêm os bebês?". Geralmente somos pegos de surpresa para responder a isso, mas é um exemplo de relação de confiança. Para quem mais seu filho poderia perguntar sobre o assunto? Se não se sentir à vontade para responder no momento, explique isso ao seu filho, mas traga a resposta depois. Honrar compromissos também gera confiança.

Outro ponto importante para a construção de confiança é a coerência. Não adianta reclamar com seu filho e exigir que ele passe menos tempo no celular se você também está sempre conectado e preso ao aparelho. Lembra que falamos sobre as regras da casa? Se passar pouco tempo no telefone faz parte das regras, ela também precisa servir para você. Do contrário, seu filho pode sempre questionar os motivos pelos quais ele precisa seguir algo que você não faz.

Esse é um erro muito recorrente, que pode parecer um detalhe bobo, mas afeta a sua capacidade de impor limites. Nós sempre sabemos quando estamos sendo incoerentes. Não adianta nada dizer ao filho que não pode gritar com o amiguinho, se dentro de casa ele presencia, constantemente, agressões verbais. E é por isso que reforço a necessidade de estar atento à gestão de emoções. Quando nos comunicamos de forma firme, assertiva e gentil, construímos na cabeça da criança valores, referências e um raciocínio lógico.

Usar a palavra "confiança" pode ser uma excelente ferramenta na construção de filhos mais seguros. Dizer frases de incentivo como "filho, eu confio em você e sei que amanhã vai pedir desculpas por ter ofendido seu amigo" estimula as crianças a se sentirem protagonistas de seus atos. Elas se sentem mais seguras para assumir as próprias responsabilidades porque têm um respaldo por trás. Nossa figura enquanto pais, educadores e mentores precisa transmitir a confiança que queremos ver nos nossos filhos.

Meu avô por parte de mãe, que foi uma figura muito importante na minha vida e de quem vou falar algumas vezes aqui no livro, sempre confiou muito em mim. Ele dizia que me achava talentosa, que eu teria sucesso na vida e que eu tinha em mim todas as ferramentas necessárias para conquistar o que eu quisesse. Esse olhar carinhoso e essa confiança que ele me transmitia tiveram uma influência muito grande para que eu me tornasse quem eu sou hoje.

Como educar se não sei me comunicar?

Ele foi sobrevivente do Holocausto, uma história que vou compartilhar com vocês mais adiante no livro, e sempre conversou comigo sobre temas muito pesados e dolorosos em relação à guerra – independentemente da minha idade. Ele conseguia compartilhar histórias duras comigo e, ao ouvi-las, eu amadurecia. De alguma forma, ainda que não tenha sido completamente consciente, eu lembro de pensar que ele confiava na minha capacidade para escutar tudo aquilo.

Hoje, já adulta, percebo o quanto essa atitude dele impactou na formação do meu caráter e na construção do nosso vínculo. Com o meu avô, eu tinha uma relação de intimidade que não tive com o meu pai. Meu avô se comunicava comigo, conversava, sabia mais sobre minha vida, quem eram minhas amigas. Meu pai não, e hoje sei que a educação mais distante e autoritária que recebi dele foi justamente porque ele não teve referências de figura paterna. É como diz o provérbio: "Ninguém pode dar o que não tem".

Como já contei antes, a vida foi dura com meu pai. Ele precisou sustentar a família desde cedo. Aos 17 anos, quando o padrasto faleceu, toda a responsabilidade de sustentar a casa, as duas meias-irmãs e a mãe recaiu sobre ele, que precisou abandonar os estudos e uma vida social normal para a idade. Hoje eu compreendo a história dele, entendo e respeito muito, mas isso fez com que nós não conseguíssemos construir um relacionamento com diálogo, vínculo e intimidade.

Percebe como toda a construção de quem nós somos começa desde muito cedo? Ainda que meu pai e eu não tenhamos conseguido ter a melhor das relações, eu sempre confiei muito nele e na educação que recebi. Sei que a nossa geração coleciona alguns traumas dessa criação rígida e autoritária, mas consigo ver que também colhemos alguns frutos positivos. Com certeza, a relação saudável é muito melhor e precisamos ir atrás do equilíbrio.

Ser pai e mãe é um aprendizado de longo prazo, é uma melhoria contínua. Mesmo depois de ter cometido alguns erros com meus filhos, já consegui reverter muitas coisas. Tente ver desta forma: nós sempre seremos pais de nossos filhos. Nunca é tarde para recomeçar uma relação, buscar melhores formas de diálogo e nos reconectar. Busque criar um vínculo verdadeiro.

Exercício

Você consegue identificar frases autoritárias que costuma usar com frequência na educação de seus filhos? Como você poderia transformá-las, usando um tom mais gentil, mas sem perder a firmeza?

1. _____
2. _____
3. _____
4. _____
5. _____

Autoridade e respeito

Autoridade, autoritarismo e permissividade são palavras importantes quando falamos sobre a educação dos filhos. Temos autoridade quando conseguimos conquistar o respeito para implementar a hierarquia necessária dentro de casa. No autoritarismo, frases como "porque eu estou mandando" ou "porque eu sou o dono da casa" e "sou eu quem pago as contas" são bastante comuns. Já a permissividade, que infelizmente permeia a vida de muitas famílias atualmente, é quando não há qualquer imposição de limites e regras.

Tenho certeza de que você já presenciou, no shopping ou no aeroporto, crianças correndo sem nenhum pai, mãe ou responsável por perto para dizer "pare já" e orientá-las.

Uma vez, estava indo ao cinema, e uma criança que não parava de correr pelo local esbarrou em mim e derrubou toda a pipoca. Logo a mãe apareceu para pedir desculpas, que, claro, são necessárias, mas não bastavam. Ela precisava estar atenta e impor o limite para ensinar a criança a parar de correr onde não deveria.

Uma alternativa a que muitos pais recorrem para tentar demonstrar autoridade é o castigo, mas ele não funciona. O que funciona é a construção da consciência de causa e consequência. Por exemplo, no caso da situação no cinema, além do pedido de desculpas, a mãe deveria ter aproveitado para reforçar essa lógica com o filho. Como? Poderia dizer "filho, como você não me obedeceu, não parou de correr e derrubou toda a pipoca no chão, nós não assistiremos mais ao filme, vamos voltar para casa". Eu sei que é difícil, porque é óbvio que, se vocês estavam no cinema, a intenção era ter um bom momento em família para criar memórias afetivas, mas se nós não mantivermos a consequência presente, perderemos a autoridade. Lembre-se de que você está educando seu filho e que ele precisa de exemplos concretos para compreender o que é causa e consequência.

Se deixar de assistir ao filme parece algo exagerado e que vai contra os seus valores, busque alternativas para ensinar o limite que seu filho precisa, mas não deixe o momento passar. Lembra do exemplo que dei sobre a criança que dá um "tapinha" no rosto da mãe? Nada de sorriso amarelo. Sempre que possível, aproveite os pequenos momentos para conversar, criar vínculos e reforçar quais são os limites e as regras. E aqui, a gestão de sentimentos volta a ser importante, evite, no calor do momento, dizer frases impossíveis de se cumprir como "nunca mais deixo você vir ao shopping". Você vai perder a credibilidade assim. Não perder a autoridade é fundamental para toda a educação e funcionamento da casa. Deixe claro para seu filho que aquele comportamento é indesejado e que não faz parte da cultura da família, com firmeza e gentileza.

A disciplina positiva é uma prática – e abordagem educacional – em que a firmeza e a empatia são utilizadas como bases para nos comunicar melhor com as crianças. Ela é muito útil quando a criança já tem idade para tomar algumas decisões. Lembra do diálogo recorrente na briga para tomar banho? Em vez de dizer "filho, é hora de tomar banho", deixando margem para que ele diga que não quer, ofereça alternativas para que ele possa decidir o que quer. Por exemplo: "Nossa, filho, você brincou bastante e está muito suado e cansado. Você quer tomar banho agora ou prefere tomar um lanche primeiro e tomar banho depois de comer?". São formas de oferecer alternativas para que ele faça a escolha, mas sem deixar de seguir as regras. A vida é dele, e oferecer essa autonomia para as escolhas do dia a dia ajudará muito no presente e no futuro. Ao utilizar a disciplina positiva, você dá oportunidades e não precisa impor uma determinada atividade. É possível dar ao seu filho o poder de escolha, ensinar sobre causa, consequência e confiança, tudo ao mesmo tempo. Quer ver? Um simples diálogo bem pensado pode fazer isso por você. "Filho, na última vez que fomos ao cinema, você não se comportou. Você vai se comportar desta vez? Eu confio que você seja capaz disso".

Precisamos ensinar que existem regras, protocolos e comportamentos que precisam ser seguidos em locais públicos. Se não houver diálogo sobre isso, corremos o risco de cair na permissividade tóxica. E essa permissividade destrói completamente a capacidade de amadurecimento de nossos filhos, acaba com a capacidade de desenvolvimento de valores e empatia. Todas as habilidades socioemocionais que o século XXI exige dos jovens para uma vida profissional e pessoal de sucesso pode ser tolhida pela permissividade. A meu ver, ela é ainda pior que o autoritarismo. A criança não pode crescer acreditando que pode fazer o que quiser em qualquer lugar. Vivemos em sociedade e o respeito ao limite do outro deve prevalecer.

Por isso, digo que desenvolver autoridade para educar os filhos é crucial. É a partir dela que formaremos cidadãos saudáveis e decentes. A firmeza e a gentileza são a combinação mais poderosa para conseguirmos conquistar essa autoridade. Seu filho precisa respeitar você e você precisa respeitá-lo como ser humano, mas respeitar não é deixar que ele faça tudo o que quiser. É uma questão de bom senso.

Para educar os filhos, antes de tudo, precisamos nos educar. Não se consegue educar filhos no século XXI se a gente não tiver um olhar de busca por auto-conhecimento e desenvolvimento pessoal.

Parte 2:
Pais não são perfeitos

❖ PARTE 2 ❖

Antes de virarmos pais, nós fazemos uma idealização dos pais que seremos no futuro.

É comum pensar na criação que tivemos dos nossos pais e dizer coisas como "jamais vou fazer isso", "vou ser amiga, companheira", "não vou ser controladora". A gente idealiza como quer ser, mas esquece, nesse processo, que o ser humano não é perfeito. Quando você vira pai e mãe, você, inevitavelmente, se vê cometendo os mesmos erros dos seus pais e outros também, às vezes até piores. Isso frustra muito e gera uma autocrítica que vai minando sua capacidade de exercer sua função educadora.

Justamente porque nos vemos imperfeitos, passamos a acreditar que não podemos cobrar algumas posturas dos nossos filhos. Já se pegou pensando "quem sou eu para cobrar isso do meu filho se eu

Como educar se não sei me comunicar?

mesmo não consigo fazer?". Esse é um reflexo negativo da autocrítica excessiva, e se não tomarmos cuidado, poderemos passar a ter um olhar demasiadamente crítico com nossos filhos também.

Enquanto que, se você mostra suas fraquezas e imperfeições, isso faz com que seus filhos criem resiliência, porque eles percebem que também são imperfeitos e podem alcançar os objetivos, planos e sonhos deles, sendo quem são e superando essas imperfeições, os "pais perfeitos" entram em um ciclo vicioso onde precisam provar tal perfeição o tempo todo — para eles mesmos, para os filhos e para a sociedade. Isso gera uma cobrança e uma pressão muito grande nos filhos de que eles precisam atender às expectativas dos pais e da sociedade.

É uma faca de dois gumes. Não podemos ter uma conversa interior depreciativa em que repetimos, constantemente, para nós mesmos, que não somos bons pais e não servimos para nada. Esse discurso nos enfraquece. Você não pode ser um pai tão imperfeito a ponto de se sentir como um impostor. Por outro lado, você não pode ter a falsa crença e imagem de que é perfeito, de que nunca erra e de que nunca cometerá erros.

As duas posturas só vão gerar um afastamento de você com você mesmo e, consequentemente, de você com seus filhos. Aqui, não existe um parâmetro ideal que você precisa seguir, existe busca pelo equilíbrio através do bom senso.

Eu fui essa filha que, quando minha mãe mexia nas minhas coisas sem meu consentimento, ou quando meu pai não me deixava andar com algumas pessoas, repetia para mim mesma: "Quando eu for mãe, jamais vou fazer isso". Hoje, eu vejo que, por mais que eles tenham sido imperfeitos na comunicação, souberam me impor limites necessários, mas pensava que educar sem explodir, sem me frustrar e sem me decepcionar seria uma tarefa mais fácil e, com isso, me vi repetindo diversos erros que jurei que não cometeria.

Depois de me tornar mãe – e de entender que a maternidade era uma prova de fogo e um desafio sem precedentes – foi que passei a estudar sobre educação de filhos e percebi que poderia me aprimorar, sim. E é nisso que os pais precisam focar. É uma simples questão de mudança de pensamento. Aceitar que somos imperfeitos é transformador. Precisamos assumir que as falhas vão acontecer ao longo da jornada. Vou errar, vou cometer erros, mas sempre poderei melhorar.

Hoje encaro o aprimoramento pessoal na função de mãe como uma nova forma de ver a vida, afinal de contas, se eu posso ser uma mãe melhor, posso ser uma pessoa melhor. Quando focamos em nosso desenvolvimento pessoal, tudo é possível.

O mundo mudou, criação não tem a ver com imposição

Existe um conceito, criado no período pós-Guerra Fria[*], chamado de mundo VUCA. A ideia era tentar representar a dinâmica do novo mundo que estava surgindo depois de um momento turbulento. Desenvolvido por militares norte-americanos, o conceito buscava compreender e descrever de que forma as transformações sociais estavam acontecendo e como o exército poderia agir diante de conflitos. O termo VUCA é um acrônimo para *Volatile, Uncertain, Complex and Ambiguous*, ou seja: volátil, incerto, complexo e ambíguo. Mais tarde, o termo

---

[*] MJV. Disponível em: <https://www.mjvinnovation.com/pt-br/blog/mundo-vuca-e-mundo-bani/>. Acesso em: 7 de jan. de 2022.

passou a ser reaproveitado para o mundo dos negócios, quando as transformações tecnológicas e a presença no universo digital se fortaleceram.

Após a pandemia de Covid-19, que teve início em 2020, essa nomenclatura foi atualizada e o termo de análise que tem sido utilizado atualmente para descrever a nossa sociedade é o mundo BANI, acrônimo para: *Brittle, Anxious, Nonlienar and Incomprehensible*, traduzindo: Frágil, Ansioso, Não-linear e Incompreensível.

Você pode estar se perguntando aonde quero chegar com isso, e acho importante apresentar esses conceitos para ilustrar qual é o nosso contexto, e porque, atualmente, vivemos em uma geração em que muitos pais estão se sentindo perdidos... Estamos vivendo no mundo da incerteza, da ansiedade, e com uma velocidade de informações nunca presenciadas antes. Isso impacta a nossa vida e afeta também a forma como precisamos passar a educar nossos filhos. É preciso começar a ter a visão concretizada na mente de que o formato que conhecemos até agora não é mais o mesmo, já não é tão simples criar nossos filhos dentro de um padrão sem que façamos o mínimo de reflexão sobre o que estamos fazendo.

Olha que desafio: ao mesmo tempo que precisamos impor limites, precisamos também criar uma mente flexível que possa se adaptar às instabilidades. Parece completamente contraditório, não? A pandemia foi um grande exemplo disso. Do dia para a noite, todos nós precisamos mudar nossas rotinas, adaptar a forma como fazíamos mercado, repensar a higiene dos alimentos, o contato com as pessoas, os meios de comunicação... e a cada vez que pensávamos que alguma estabilidade, finalmente, estava tomando forma, uma nova regra de segurança, ou até uma nova variante, surgia para nos mostrar que não estamos no controle.

É perfeitamente compreensível que os pais se sintam perdidos nesse mundo novo. Como ensinar algo que você mesmo ainda está experimentando? Quando falo que o desenvolvimento de habilidades socioemocionais é importante, é porque essas ferramentas podem trazer um pouco de facilidade para lidar com momentos difíceis. Uma das principais habilidades que nós exercitamos durante os últimos anos foi a resiliência. E a única forma de criarmos filhos resilientes é demonstrando que a imperfeição faz parte da natureza humana. Quando erramos e mostramos aos nossos filhos que podemos recomeçar, estamos dando um exemplo de que eles podem fazer o mesmo.

Preparar nossos filhos para um mundo incerto requer que a nossa linguagem mude, precisamos mostrar quais são os limites, mas também esclarecer que a flexibilidade poderá ser necessária em alguns momentos. Vamos quebrar paradigmas, mas sem perder nossos valores. Educar nossos filhos, em um mundo que nós mesmos não conhecemos, não é uma tarefa fácil, mas se, em casa, criarmos um ambiente seguro, que o mundo BANI não permite, nossos filhos sempre terão uma referência de qual é o caminho certo. De quais valores são importantes.

Tenho certeza de que todo filho um dia já disse a frase: "Isso não é justo!". Quando os meus me dizem isso, sempre respondo: "Pois é, filho, a vida não é sempre justa". A questão da justiça é uma bandeira que carrego comigo na criação dos meus filhos. No judaísmo, existe um dos momentos mais esperados pelos meninos que é a maioridade judaica aos 13 anos de idade. Normalmente, eles se preparam durante um ano para esse evento e sobem no púlpito da sinagoga para fazer a reza principal. Também é tradição que se faça uma festa nesse dia.

Quando chegou a vez do meu primeiro filho homem passar por essa experiência, tivemos um incidente na família e, faltando um mês para a maioridade dele, minha mãe precisou ser entubada, passando um longo período no hospital. Foi uma loucura e nós esquecemos de absolutamente todo o resto para nos dedicarmos a ela. Passado algum tempo, fizemos apenas a cerimônia na sinagoga, de forma bem simples e pequena, e não conseguimos fazer a festa para ele. Então, no ano seguinte, quando ele completou 14 anos, prometi que faríamos algo especial para compensar pelo ano anterior. Para a nossa surpresa, mais uma adversidade: ele teve uma crise de apendicite e passou o aniversário numa sala de cirurgia no hospital.

Foi difícil, mas escolhi não cair no discurso comum e dizer "meu Deus, coitado do meu filho". O que fiz foi dar o maior suporte emocional que pude e conversar bastante sobre o que estava acontecendo. Falei: "Filho, sei que têm sido momentos difíceis e você deve estar passando tudo isso por um motivo que desconhecemos, mas em algum momento, a vida vai trazer de volta toda essa celebração e alegria". Não quis que ele se sentisse fraco nesse momento, pelo contrário, quis encorajá-lo a ser forte e compreender que, infelizmente, às vezes as coisas não acontecem como a gente planeja.

Para compensar depois, o pai dele o levou para uma viagem a Israel, só os dois.

Anos depois, foi a vez do meu outro filho fazer o bar mitzvá, e ele, sim, teve uma festa – simples e pequena por conta da pandemia, mas teve cerimônia e festa como manda o figurino, com convidados e muitos presentes. Quando estávamos planejando o evento, o pai pensou em levá-lo para viajar também, já que o mais velho tinha ido, mas, naquele momento, intervi. Não seria correto. Um não teve a festa, mas foi viajar, então, se o outro teria a festa, não teria a viagem.

Eu me sentei com meu filho para explicar o motivo da minha decisão e ele compreendeu que se tratava de um equilíbrio, e aceitou tranquilamente. Quando escolhemos ter conversas que podem não parecer tão fáceis, escolhemos educar nossos filhos para a realidade da vida. Sei que algum outro menino talvez tivesse feito um escândalo por perder a oportunidade de viajar, mas converso com meus filhos há tanto tempo, que eles estão preparados para lidar com frustrações. É nos imprevistos do dia a dia que ensinamos nossos filhos a serem resilientes. E acabamos por ensinar valores também.

O ensino de valores começa em casa

Lá no início do livro, falamos sobre a importância de termos nossos valores bem esclarecidos para que possamos ensiná-los aos nossos filhos. Os valores são a primeira coisa que os pais precisam definir. Para ajudar você, quero propor um exercício, mas antes de chegarmos à parte prática, precisamos compreender de onde vêm os nossos valores.

Valores estão totalmente ligados à visão do que as pessoas entendem que é importante para elas. Quando pensamos na composição de uma família, um casal que está pensando em ter filhos precisa trabalhar na comunicação e conversar sobre os valores que pretendem compartilhar e construir juntos. Assim, o caminho a ser seguido na educação desse novo lar ficará mais claro.

O respeito é um valor, mas, na prática, pessoas diferentes podem ter ideias divergentes do que significa respeito ou desrespeito. Imagine a cena: um marido e uma mulher durante uma briga. Ele foi criado em um ambiente familiar em que se falava muito alto e que as discussões eram frequentes, ela não. Durante um desentendimento, ela pode entender que a forma como ele se expressou foi uma falta de respeito. Na cabeça dela, ele gritou, já para o marido, ele acredita que essa é, simplesmente, uma forma de se expressar.

Por meio de uma estratégia de comunicação não agressiva, esse casal precisa conversar sobre as próprias experiências de vida, sobre a educação que tiveram em seus lares e sobre o passado, mas também sobre o que querem para o presente e futuro. Além de alinhar as atitudes para que as discussões sejam evitadas, é no diálogo que eles conseguirão esclarecer como querem conduzir a educação dos filhos, percebe?

Qualquer casal que decide ter filhos precisa sentar e definir o que será importante para aquela família. Só assim se define valores. É preciso alinhar os propósitos e você pode fazer isso com perguntas simples: nesta casa, teremos costumes religiosos? Teremos uma postura ativa antirracista? Faremos ações sociais?

É a partir de perguntas como essas que quero aplicar um exercício prático com você. Quando definimos valores para nossa família, é necessário considerar que eles precisam estar presentes nas atitudes e posturas que levamos em nosso dia a dia. Não basta dizer que você tem valores antirracistas, quais práticas você pretende adotar para garantir que esse valor seja ensinado e respeitado? Imagine que você está em um supermercado com seu filho quando, de repente, se depara com uma situação em que há, claramente, um ato racista. Com você reagiria?

Exercício

A tabela a seguir traz alguns exemplos de ações práticas que podemos aplicar dentro de valores preestabelecidos. Preencha com os valores que você gostaria de trabalhar em sua família e quais atitudes pretende tomar para isso.

VALORES	DEFINIÇÃO	ATITUDES
Gentileza	Ser cortês, amável, ter atitudes nobres.	Cumprimentar pessoas com um sorriso e um "bom-dia", "boa-tarde" ou "boa-noite; ceder o lugar no ônibus para idosos e gestantes; dar passagem para um carro trocar de faixa.

Caridade	Fazer o bem a quem precisa, apoiar pessoas em situação de risco.	Doar roupas que não servem mais; preparar alimentos e entregar para moradores de rua.
Honestidade	Ser correto, proceder de acordo com normas (legais ou morais), demonstrar nobreza de caráter.	Não compactuar com pirataria; devolver dinheiro que recebeu a mais por engano; deixar um bilhete com contato em caso de pequenos acidentes de carro.

No judaísmo, o *shabbat* é considerado o dia do descanso. No sábado, as famílias costumam se reunir na mesa para uma refeição festiva e os celulares são colocados de lado, já que o foco é a reunião familiar. Nesse dia, existe uma tradição em que se faz uma reza e o anfitrião da casa deve se sentar na ponta da mesa para dividir o pão. Esse pão é dividido por ordem de idade, do mais velho para o mais novo. Esse simples costume é uma forma de ensinar as crianças que elas precisam esperar a vez delas e que os mais velhos são prioridade. E é por isso que digo que os valores são ensinados em casa. De uma pequena tradição, podemos extrair diversos ensinamentos: o que é hierarquia, o respeito pelos mais velhos.

Sempre explico aos meus filhos que a hierarquia é uma questão de mérito, já que, por uma questão natural, os mais velhos têm mais sabedoria e experiência de vida. Faço questão de falar sobre isso porque, assim, meus filhos vão criando a consciência de que, conforme eles crescem, terão mais maturidade, responsabilidades e sabedoria também. No futuro, quando eles forem pais, ou avós, terão essa consciência de que precisam cumprir papéis e responsabilidades de quem veio antes. E, assim, terão ainda mais sabedoria. Olha quanta mensagem podemos transmitir com um pedaço de pão!

Quando definimos nossos valores, não basta apenas falar sobre eles para os nossos filhos. Temos que praticar e transmitir essas lições dentro de casa, dentro de cada oportunidade em família, através de pequenas ações no cotidiano. Existe um mundo lá fora que precisa de cidadãos melhores, e é dentro de casa que eles poderão buscar os conhecimentos que precisam para se tornarem cidadãos decentes e adultos maduros e responsáveis socialmente.

Quer outro exemplo? Existe uma organização que adoro – e que meu marido e eu apoiamos – chamada Ten Yad que, em hebraico, significa "estenda sua mão". Eles têm um refeitório e servem almoço e lanche para pessoas carentes. Todos os dias eles atendem centenas de pessoas. Quando a pandemia começou e tudo foi fechado, iniciou-se toda uma logística de como esse trabalho poderia continuar a ser feito. Recebemos, então, um e-mail que convocava voluntários que tivessem carro, bicicleta ou moto e que estivessem disponíveis para fazer entregas de marmitas no dia seguinte.

Eu estava com muito medo. Tínhamos acabado de cortar contato total, até com meus pais, por eles serem do grupo de risco. Mas meu marido, corajoso, virou para mim e disse: "Temos carro para quê?". Com máscara, luvas e muito álcool em gel, decidimos que era o momento de ajudar da forma como podíamos. Fomos até a organização buscar as comidas e passamos de casa em casa – algumas que sequer tinham um portão –, para entregar cada marmita.

Quando esse movimento começou, a previsão de isolamento ainda era de apenas duas semanas, mas o prazo se estendeu e então envolvemos meus filhos no processo, para que eles aprendessem sobre o que estava acontecendo e sobre como era possível ajudar. Meu marido adotou isso como missão meses a fio e, sempre que possível, levava um filho meu para ajudar e participar. Vimos muitas pessoas, inclusive no nosso bairro, que não tinham o que comer. Registramos tudo em vídeo para recordar. Fico emocionada ao contar essa história, porque, apesar da tristeza, foi muito bonito ver a cooperação de todos os envolvidos.

Nós poderíamos apenas ter contado para os nossos filhos sobre o que estávamos fazendo, mas sei que não basta falar sobre valores. É preciso praticá-los.

Todos os dias temos a oportunidade de ensinar valores, nem que seja para mostrar a eles o quão privilegiados eles são. Neste caso, além de tudo, tivemos um exemplo prático de boa gestão de emoção e de pessoas.

Gestão de pessoas e gestão de emoções

Eu aprendi muito no começo da minha empresa de desenvolvimento humano. Sempre que eu era chamada para falar sobre comunicação e gestão de pessoas, começava a palestra fazendo a seguinte pergunta: o que é uma empresa para vocês? As respostas que costumava receber eram sempre sobre um lugar que produz, que cria, que forma, que faz. E isso não deixa de ser verdade, mas o que é, de fato, uma empresa?

É um conjunto de pessoas, cada uma com suas emoções. Não é à toa que dizem por aí que o melhor gestor do século XXI é aquele que sabe gerir emoções. Não é possível separar as pessoas de suas emoções e, especialmente num mundo BANI, como vimos anteriormente, é cada vez mais frequente que elas estejam confusas, tensas e ansiosas. Hoje, para que uma empresa continue de pé, o gestor precisa ter maturidade, sabedoria e muito conhecimento para gerir todos esses sentimentos em prol do objetivo da empresa.

Como educar se não sei me comunicar?

Pensando nisso, gosto de dizer que a nossa família é como uma empresa. Os pais são os gestores, os filhos, os colaboradores, e nós queremos bons resultados. É isso que esperamos de nossos filhos e, portanto, a grande missão dos pais é gerir essas "pessoinhas" e as emoções delas. E isso só será possível se formos capazes de gerir nossas próprias emoções.

Nós temos que solucionar problemas e tomar decisões todos os dias, a todo momento. A gente acorda e vai dormir gerindo emoções. Por isso, reforço tanto a importância de buscarmos o autoconhecimento, para sermos melhores gestores de nós mesmos. Não para sermos perfeitos, mas para sermos pessoas melhores. Para que possamos gerir a emoção de nossos filhos. É claro que, em alguns momentos, você não terá a força que precisa, mas ao se comunicar melhor, poderá pedir ajuda ao seu parceiro, aos seus pais e até mesmo aos seus filhos.

A solução sempre existe, para tudo. Até mesmo a não solução é uma solução, já parou para pensar nisso? A morte é um desses problemas sem solução e, fatalmente, precisaremos lidar com ela em algum momento.

Meu avô era meu mundo. Aos 96 anos, depois de ter sobrevivido ao Holocausto, morava no Rio de Janeiro, em Copacabana, desde 1955. Quando a pandemia estourou, fiquei muito preocupada com ele sozinho. Falávamos sempre e ele me disse que a diarista – uma pessoa maravilhosa – ainda ia duas vezes por semana para ajudá-lo. Um dia ele me ligou e disse que não estava bem, mas que era só uma gripe e não Covid. Não aguentei de preocupação, e, então, meu marido e eu largamos tudo por aqui e dirigimos até lá. Acompanhamos todos os exames até que meu avô estivesse medicado. Ele não queria deixar o Rio de jeito nenhum e dizia que se viesse embora para São Paulo iria morrer.

Voltamos para São Paulo e ele começou a melhorar, mas dois ou três dias depois piorou e fomos de volta para o Rio. Ele estava péssimo e mórbido na cama.

Meu avô, com 16 anos, perdeu todo mundo no Holocausto. Ele perdeu por volta de oitenta pessoas da família e fugiu sozinho para as florestas da Polônia. Lutou como combatente por três anos e salvou mais de cem pessoas dos campos de concentração. De certa forma, sinto que tenho um pouco dessa mesma missão dele de salvar pessoas. Ainda que de formas completamente diferentes.

Deitado em uma cama, ele me pediu para interná-lo em uma clínica. Ele era uma pessoa autônoma e muito habituado a fazer tudo sozinho. Não queria, de jeito nenhum, precisar de ajuda para ir ao banheiro, por exemplo. Com muita dor no coração, olhei para ele e disse: "Meu amor, você viveu sozinho na floresta por três anos, eu não vou deixar você morrer sozinho aqui no Rio". Até hoje, não sei como eu e meu marido encontramos forças para lidar com tudo aquilo, mas liguei para uma amiga, consegui uma cadeira de rodas, o colocamos num avião e o trouxemos para a nossa casa.

Logo que cheguei, me sentei para conversar com meus filhos sobre a gravidade da situação e pedi a ajuda da minha filha para que ela cedesse o quarto dela para ele. Ela fez muito mais que isso, me ajudou a cuidar dele, deu comida na boca e compreendeu o momento triste que estava por vir. Nós cuidamos dele todos os dias. Em um determinado momento, a situação se agravou e ele precisou ser transferido para o hospital por conta de uma pneumonia, mas eu prometi para ele que não o deixaria morrer no hospital.

Lutamos muito e conseguimos trazê-lo de volta para casa. Fiz todo o possível para dar o conforto que ele merecia e, praticamente, transformei o quarto da minha filha em um quarto de hospital, com cilindro de oxigênio, cadeira de banho e tudo o que foi necessário. Queria que ele não tivesse um machucado na pele e fazia questão de passar perfume nele e cobri-lo bem. Ele morria de frio e adorava se perfumar.

Quando a geriatra nos avisou que era o momento de nos despedir, ela também explicou que o último sentido que se vai antes de morrermos é a audição. Era tudo doloroso demais, mas liguei para todas as pessoas que ele gostava, e cada uma se despediu dele por telefone. Todos nós nos despedimos e demos um beijo nele.

Naquele momento difícil, chamei meus filhos no quarto e fiz questão de lembrá-los que o corpo do meu avô estava indo embora, mas que a história dele estaria sempre viva em nós. "Quero que vocês me prometam que vocês vão viver honrando e respeitando quem ele foi, a história dele e a da nossa família". Depois disso, me deitei ao lado do meu avô e o abracei até que ele morresse em meus braços, na cama da minha filha. Eu gritei e chorei muito. Não era nada fácil perder quem mais tinha me incentivado na vida. Meus filhos escutaram minha dor, mas todos entenderam e respeitaram meu momento.

Hoje eu sei que não preciso ensinar para os meus filhos que eles precisarão cuidar de mim ou dos avós quando chegar a hora, no momento mais duro que já vivemos juntos, meus filhos aprenderam o que é sentir e como gerir as emoções. Ao me entregar aos meus sentimentos, eu humanizei a minha empresa. Apesar da dor, eu soube gerir um momento de crise, aproveitando cada oportunidade para ensinar tudo sobre a vida. Sei que muitos pais tentam privar os filhos do sofrimento, mas a dor existe. Cenas feias existem. Perdas existem. E a gente precisa saber como lidar com elas.

A saudade diminui, mas sempre dói. Vamos sofrer, mas vamos superar. E isso faz parte do processo.

O século XXI demanda mais comunicação

É um fato que, por termos muito mais meios de comunicação que antigamente, a comunicação no século XXI ficou mais fácil e acessível. Por outro lado, se analisarmos de que formas temos utilizado esses canais para a comunicação, perceberemos que, na maioria das vezes, passamos muito tempo informando e pouco tempo nos comunicando de verdade. Tente pensar em quantas mensagens como "estou saindo", "estou chegando", "vou me atrasar" você tem enviado ultimamente.

Neste novo mundo, a comunicação enfrenta dois grandes desafios: a enorme falha na interpretação do que as pessoas falam (e escrevem) e a forma como se comunicam. Ou seja, não basta apenas que passemos a dizer mais, mas também precisamos estar atentos a como estamos expressando nossas mensagens.

Este século demanda de nós muito mais esforço mental, para que a gente aprenda a se comunicar de uma forma coerente com o que pensamos. Chegou o momento de aprendermos a escutar mais e de tentar interpretar o que as pessoas comunicam de uma forma muito mais racional e menos emotiva.

Por conta das redes sociais, dos aplicativos de mensagens e a falta de tempo para encontros cara a cara – e de preferência sem distrações –, a comunicação eficiente parece ter se perdido. Se, por um lado, temos uma porção de ferramentas para acompanhar a vida das pessoas e diversas oportunidades de engajarmos em um diálogo, por outro, estamos vivendo uma definição distorcida do que é, de fato, comunicação.

Diálogos rasos e superficiais com nossos filhos não são suficientes para criarmos laços afetivos, tampouco são úteis para a educação que buscamos. Para construir uma relação com comunicação de qualidade, você precisará se esforçar para elaborar melhores diálogos. Vou dar um exemplo, imagine que você está na cozinha preparando o almoço, quando sua filha chega da escola. Você diz: "Oi, filha! Tudo bem?", e ela responde: "Sim, tudo legal", ela continua, e até tenta compartilhar algo que fez no dia: "Joguei vôlei hoje na escola", ao que você responde apenas com: "Legal, filha", e volta a fazer o que estava fazendo sem perceber que perdeu uma oportunidade de comunicação. Será que ela queria contar algo a mais sobre esse jogo e não sentiu abertura da sua parte? Você chegou a prestar atenção no tom de voz que ela usou? Ela parecia feliz ou triste?

Não quero dizer com isso que precisamos estar focados a todo momento, além de pais, somos adultos, cheios de responsabilidades e tarefas que precisam ser feitas, como a preparação do almoço no exemplo anterior, mas pequenos ajustes podem ser feitos para que a comunicação passe a ser mais eficiente. Você pode explicar e combinar com os seus filhos que enquanto estiver cozinhando não é o melhor momento para conversar, e pode estabelecer que, durante a refeição, deixarão o celular de lado para focar na comunicação entre vocês.

Evitar o excesso de conversas triviais é fundamental para que tenhamos uma comunicação de qualidade. Eu mesma percebo que caio nessas armadilhas no meu dia a dia. Às vezes, convido alguns amigos para almoçar em casa, com os meus filhos presentes, e percebo que passamos horas conversando sobre absolutamente nada. É divertido? Claro que sim. Damos risada? Muitas. E esses momentos também são importantes, mas se não exercitarmos uma comunicação com mais proximidade e profundidade com nossos filhos, não alcançaremos o vínculo tão sonhado.

A série *13 Reasons Why*, da Netflix, ilustra muito bem o que estou falando. Durante toda a história, existem várias cenas em que um dos personagens principais está na cozinha, comendo com os pais e

Como educar se não sei me comunicar?

falando sobre todas as superficialidades do mundo. Parecem uma família feliz, mas estão fingindo que está tudo bem. Porque, enquanto isso, o menino está vivendo uma vida paralela fora de casa, e dentro do quarto dele, que os pais desconhecem completamente. É chocante de ver. Eles têm tempo e oportunidade, sentem que algo está acontecendo na vida do filho, mas não encaram o problema. A comunicação no século XXI demanda coragem. Exige aprofundamento e diálogos verdadeiros.

Sei que existe um medo gigante em ouvir do seu filho que ele pode não estar feliz, mas ignorar o que está acontecendo não resolverá a questão. Pergunte ao seu filho como ele se sente e faça a gestão de suas emoções para lidar com a resposta. Há filhos que não se aceitam como são, que não se amam, que não se sentem bem com o relacionamento com os pais ou até que apresentam pensamentos suicidas, o que é extremamente preocupante. Se você sente que algo não está bem com seu filho, deixe de lado o receio de ser invasivo e busque a comunicação de qualidade, esteja disposto a escutar. Só você é capaz de construir essa ponte.

Parte 3: Reconhecer que há um problema

ꙸ PARTE 3 ꙸ

"A educação é um ato de amor,
por isso, um ato de coragem."
Paulo Freire

Gosto muito dessa frase do Paulo Freire porque, para mim, ela expressa muito da minha visão em relação à educação dos filhos. Quando estamos diante de um problema, é comum que sejamos tomados por uma insegurança tão grande que preferimos, apenas, ignorar o que está acontecendo. Ou pior, podemos até passar a acreditar que, de alguma forma milagrosa, aquela questão vai se resolver sozinha. Vai passar.

Sempre digo que é preciso muita coragem para os pais admitirem que precisam de ajuda e orientação para educar os seus filhos. Porque, no fundo, admitir

Como educar se não sei me comunicar?

que os filhos têm um problema quer dizer também que há um problema a ser resolvido nos pais. E encararmos as nossas próprias falhas pode ser um processo extremamente doloroso.

Já contei sobre a relação difícil que sempre tive com o meu pai. Ele era uma figura que me dava medo e eu sentia muita dificuldade em me comunicar com ele. A hierarquia e o respeito sempre existiram entre nós, mas não o vínculo emocional. Quando eu completei 15 anos, meu pai esqueceu do meu aniversário e não me deu parabéns. Simplesmente chegou do trabalho, jantou e foi dormir. Minha mãe, na época, tinha ido morar no Rio com a minha avó, que estava com câncer e precisava de ajuda e, por conta disso, também não se lembrou. Meu aniversário passou batido. Sem comemoração. Sem os abraços dos meus pais.

Foi bom por um lado, me fortaleceu muito. Se hoje cuido dos meus pais e cuidei do meu avô quando precisou, foi por conta desse tipo de exemplo que tive. Mas poderia ter sido menos dolorido. E muitos comportamentos meus, durante a minha adolescência, poderiam ter sido evitados. Hoje, quando olho para trás, compreendo melhor as raízes deles.

Não lembro exatamente o que me motivou, mas aos 17 anos, com muita dificuldade e chorando, chamei meu pai para conversar. Disse: "Pai, você não sabe nada sobre mim. Nunca conversou comigo, não me abraçou e nunca pareceu interessado pela minha vida. Isso me dói tanto, por que tudo isso?". E foi quando ouvi dele pela primeira vez: "Eu não sei ser pai, porque eu não tive um. Eu nunca recebi amor e nada disso que você está falando que eu não sei dar. Não aprendi como e não sei ser assim. Desculpa por não ser o pai que você gostaria que eu fosse, mas eu não sei como fazer isso". Foi difícil, ele chorava muito e eu também.

Com os conhecimentos que tenho hoje, tenho certeza de que se ele tivesse buscado ajuda, tudo teria sido diferente. Naquele dia, eu entendi que eu não podia exigir algo que ele não podia dar, mas percebi que eu podia ser alguém que ele não conseguia ser.

Por isso, digo que é preciso coragem por parte dos pais para admitir que existe um problema. Os pais precisam entender que eles fazem parte dos problemas e não somente os filhos. Quando digo que só você será capaz de construir uma ponte de comunicação entre você e seu filho, é porque o começo da solução também pode vir de

Como educar se não sei me comunicar?

você. Hoje, vejo muitos pais recorrerem a profissionais externos para cuidar e educar os filhos em vez de assumirem que precisam encarar essa responsabilidade também.

Possibilitar que seu filho faça terapia é importante, contratar uma babá para auxiliar na rotina é válido, levar seu filho a um orientador vocacional e cursos extracurriculares é ótimo, mas nada disso substituirá a sua figura enquanto pai e mãe educadores. Nenhum desses profissionais pode ensinar os valores em que você acredita. Nenhum deles pode criar o vínculo emocional por você, percebe?

Enquanto os pais não entenderem que a solução começa por eles, os problemas não irão se resolver. Nem os problemas de comunicação, nem os problemas que eles enxergam nos filhos. Se você acredita que seu filho está sendo agressivo, comece a se perguntar se você não tem sido agressivo. Se acha que ele não tem disciplina, reveja suas próprias ações e verifique se você tem dado as ferramentas necessárias para que ele seja disciplinado. Reconheça suas falhas. Lembra que falamos que está tudo bem ser imperfeito?

É simplesmente uma questão de assumir a responsabilidade de que, ao se tornar pai e mãe, você também está assumindo a posição de um educador. E precisará de atos de amor e de coragem.

Quando nascem filhos, nascem pais

Tem uma frase conhecida que vive sendo repetida por aí: "Quando nascem filhos, nascem pais". Mas eu acrescentaria que: nascem educadores e formadores. Nasce a profissão pai e mãe.

Filhos são nosso principal projeto de vida. Acredito que não exista dúvida sobre isso. Queremos que nossos filhos sejam felizes, que sejam bem-sucedidos nos caminhos que eles escolherem.

Sempre nos preocupamos com o bem-estar deles. Podemos estar superfelizes e realizados, mas se chegamos em casa e nos deparamos com nossos filhos tristes ou chateados, isso tem um impacto direto em nosso estado emocional.

Então, se os filhos são o nosso principal projeto de vida, o quanto, nós pais, estamos dispostos a nos dedicar a isso?

A maioria de nós está disposta a investir muito na própria carreira e formação profissional. Investimos nossos principais recursos – tempo, energia e

Como educar se não sei me comunicar?

dinheiro – para nos tornarmos profissionais capacitados para a área que atuamos. Estudamos, fazemos graduação, pós-graduação, mestrado, cursos livres e doutorados porque buscamos ser os melhores em uma determinada função. Se nossos filhos são o projeto mais importante nas nossas vidas, por que não dedicamos o mesmo investimento para sermos os melhores nessa função educadora, nessa função pai e mãe desenvolvedores de pessoas?

Outro dia, eu estava em uma apresentação importante em uma empresa multinacional, apresentando a Escola de Pais, empresa especializada em educação parental da qual sou CEO e Sócia Fundadora. Meu celular começou a tocar e, a cada vez que uma nova chamada entrava, eu me sentia mais angustiada. Parei imediatamente o que estava fazendo e disse: "Gente, me desculpem, mas eu preciso atender, porque é da escola do meu filho". Tenho meus valores muito claros dentro de mim e não hesitei em agir de acordo com eles. É claro que meu trabalho é importante, e minha carreira também, mas meus filhos são sempre minha prioridade e meu maior projeto de vida. Não vou colocá-los em segundo lugar.

Eu posso ter tido um dia maravilhoso no trabalho e posso estar me sentindo superfeliz com alguma conquista, mas se chego em casa e vejo que meu filho está magoado, ou sofreu *bullying* na escola, ou tirou uma nota baixa, eu, instantaneamente, me sinto triste. Tanto quanto ele ou até mais. Porque estamos conectados e porque tudo o que desejo é que eles estejam bem, tranquilos, saudáveis física e emocionalmente.

Pensando nisso, eu pergunto para você: se seus filhos são o projeto mais importante da sua vida, o quanto você está investindo nisso agora? O quanto você está disposto a buscar ferramentas para ajudá-los a serem um projeto bem-sucedido dentro do mínimo desejado por eles e por nós? O quanto está investindo em si mesmo para ser o melhor profissional nessa função? Não o profissional perfeito, mas o mais bem preparado.

Quando temos objetivos na vida, sabemos que, sem esforço, não teremos resultados. Quem treina entende bem esse conceito. Quando uma pessoa quer perder peso, ou ganhar massa muscular, sabe que existe um caminho, que é preciso foco, determinação, disciplina, persistência, e que, com a orientação de um *personal trainer*, é possível acelerar o processo e facilitar o caminho até os resultados.

Isso serve para tudo na vida, por que na educação de filhos seria diferente?

A coragem para pedir ajuda

O dicionário Aulete[*] define, primeiramente, a palavra coragem como uma atitude firme, sem hesitação, sem temor ou sem fraqueza, diante de situações perigosas ou difíceis. Como sinônimo, ele sugere até a palavra destemor. Em segundo lugar, no dicionário, a definição da palavra coragem está relacionada a uma força moral ou uma perseverança para o enfrentamento de situações emocionalmente difíceis. No capítulo anterior, expliquei que o século XXI demanda de nós coragem, e acredito que, dentre as duas opções do dicionário, a definição relacionada à perseverança para enfrentar as situações adversas faz muito mais sentido quando falamos da educação de nossos filhos.

Não acredito que seja possível ser pai ou mãe sem temer, sem hesitar ou sem demonstrar fraqueza. Depois

---

[*] AULETE DIGITAL. Disponível em: <https://www.aulete.com.br/coragem>. Acesso em: 12 de jan. de 2022.

de muitas sessões de mentoria, aconselhamentos, *webinars*, *lives*, cursos e palestras sobre educação parental, o que eu mais vejo é que a maioria dos pais não consegue pedir ajuda porque sente vergonha. Existe um preconceito de que pedir ajuda é demonstrar que não se é um bom pai ou uma mãe, e com isso, caímos de novo na armadilha da perfeição que já falamos antes.

Entretanto, chega um momento em que a dor e o sofrimento pelos quais estamos passando se tornam muito maiores que a vergonha que estamos sentindo. Por mais contraditório que pareça, é justamente nesse momento de grande vulnerabilidade que encontramos a nossa coragem para agir.

Quando eu me separei do meu primeiro marido, eu estava em uma posição de evidência na sociedade e na comunidade na qual eu estava inserida. Eu já tinha meus quatro filhos e sabia que me separar traria consequências de muita vergonha, porque apesar de estarmos no século XXI, ainda existem muitos tabus quando o assunto é a separação. Era muito difícil, mas a minha dor e meu sofrimento, naquele momento, eram tão grandes que eu só conseguia ver um futuro triste se continuasse

Como educar se não sei me comunicar?

como estava. Para superar o medo e a vergonha que estava sentindo, fui buscar ajuda e orientação. Fui buscar mudança. Para quebrar aquele ciclo vicioso e poder ser feliz novamente.

Por isso, digo para você, pai ou mãe, que chegou até aqui na leitura: quando você perceber que algo está doendo tanto a ponto de criar sofrimento para você e para os seus filhos, encontre coragem para buscar ajuda. Quando sofrem os pais, sofrem os filhos. E nós nunca sabemos exatamente como isso pode estar afetando a quem mais amamos.

Quando os pais se sentem perdidos, eles têm dificuldade em educar os filhos e, muitas vezes, até esquecem que estão na posição de um educador. É nessa hora que você deve buscar ajuda de profissionais que possam ampará-lo em relação às suas dores e dificuldades. Tenha uma rede de apoio e procure por profissionais da área: educadores parentais, terapeutas e psicoterapeutas.

Buscar conhecimento sobre o que você está vivendo também pode ser uma excelente ferramenta para reestabelecer o equilíbrio dentro de casa. Conhecimento é saúde e bem-estar. Procure conhecimento

A falta da cultura da educação parental

em livros, em palestras, em aulas, em conteúdo, e tenha como objetivo se tornar um pai educador. Não desista do seu maior projeto de vida e, em troca, se torne também um ser humano melhor.

A falta da cultura da educação parental

Se você avançou até aqui, já sei que está em busca de se tornar a sua melhor versão para educar os seus filhos, mas será que já compreendeu exatamente o que é a educação parental e qual é a importância de começarmos a desenvolver essa cultura em nossa sociedade?

Podemos dizer que a educação parental é um conceito relativamente novo e que ainda não foi muito amplamente divulgado no Brasil, mas já é objeto de pesquisa em diversos países há muitos anos, e felizmente tem se tornado cada vez mais popular em nosso país. Em 1939[*], Rudolf Dreikurs foi um dos pioneiros na proposição da Educação Parental quando introduziu o conceito de Alfred Adler, em Chicago,

---

[*] GARCIA, M. N. *Educação parental: estratégias de intervenção protetiva e as interfaces com a educação ambiental.* Tese de doutorado em Educação Ambiental – Universidade Federal do Rio Grande, RS, 2012.
Alfred Adler foi um psicólogo austríaco e fundador da psicologia do desenvolvimento individual. Seus estudos serviram como base para o desenvolvimento da Disciplina Positiva e a da Educação Parental, entre outros trabalhos.

nos EUA. Para essa proposta, foram criados centros comunitários em que pais e mães recebiam aconselhamento por parte de profissionais. Nesses aconselhamentos, o foco era o apoio e a orientação para a qualidade da parentalidade dentro das famílias.

E o que é a parentalidade? A parentalidade nada mais é do que a forma como se é um pai e uma mãe. É o conjunto dos seus valores, regras, planos e tudo o que temos falado aqui, para a educação do seu filho. A parentalidade inclui a cultura na qual você está inserido, a sua moral, suas normas de conduta, seus princípios e até a situação psicológica pela qual você está passando. Portanto, quando pensamos em estudar educação parental, estamos nos desenvolvendo para criar ambientes mais saudáveis para o nosso lar.

Educação parental é sobre educar os pais. É sobre buscar conhecimento, recursos e apoio com o objetivo de trazer mais bem-estar para as crianças e adolescentes. Existe um movimento, cada vez maior no mundo, para que essa cultura possa se desenvolver e se fortalecer, porque ela é benéfica para todos os envolvidos, até para a evolução dos seres humanos em geral.

Os pais precisam começar a encarar a parentalidade quase como uma profissão, e precisam se dedicar à aprendizagem da função educadora, assim como estão dispostos a cursar uma pós-graduação para se tornarem profissionais melhores. Enquanto houver uma falta dessa cultura em nossa sociedade, estaremos fadados a continuar com as mesmas dificuldades que temos enfrentado até agora. E não precisa ser assim. Há meios e ferramentas para tornar a parentalidade mais fluida.

Lá na Escola de Pais, minha equipe e eu sempre percebemos que muitos pais que trazem os filhos até nós ainda não perceberam que o primeiro trabalho deverá ser com eles mesmos. Até hoje, a cultura que se tem é de que precisamos educar os nossos filhos e pronto. Só recentemente começamos a falar sobre a raiz dos problemas que as crianças e adolescentes apresentam. A partir dessa nova abordagem é que se iniciou a percepção de que pais também precisam de educação.

Felizmente, hoje as possibilidades para chegarmos até essas informações têm se tornado cada vez mais acessíveis. E a cada dia que passa, novos conteúdos vão sendo introduzidos, de modo a facilitar situações difíceis que os pais enfrentam. Mesmo depois de anos me dedicando à educação parental, eu mesma sempre me surpreendo com a velocidade das novas informações que surgem todos os dias.

Outro dia, postei em minhas redes sociais sobre um *workshop* que fizemos na Escola de Pais com uma consultora de sono. Enquanto ela falava sobre o sono do bebê, eu só conseguia pensar em como eu sofri com a minha filha. Os problemas de sono dela atrapalharam meu estado emocional, minha saúde, minha vida conjugal e profissional, e até ela mesma, porque não tinha autonomia no sono.

Ser um pai e uma mãe no século XXI exige muito de nós, mas a informação está cada vez mais acessível, e é muito gratificante acompanhar a reação dos pais depois que descobrem esse novo mundo. Procure mais livros sobre educação parental, pesquise site, *lives*, palestras. Busque apoio. Tenho certeza de que você ficará maravilhado com as possibilidades.

A função educadora x amor e intuição

É normal acreditar que, por amar o seu filho, automaticamente, então, já está cumprindo a sua função de pai ou mãe, mas eu preciso alertar você de que o amor, hoje, pode se transformar em permissividade de uma forma muito fácil. Principalmente se não estivermos atentos.

A nossa intuição, que costumava funcionar quase como um instinto selvagem, já não é tão clara como antigamente. Ficou turva e conflituosa. Hoje, com as tecnologias, somos bombardeados por informações o tempo inteiro e assistimos pelas redes sociais milhares de pais tomando decisões diferentes. Fica difícil discernir entre intuição e influência, e você passa a se perguntar: "Será que estou tomando essa decisão porque acredito que é certa ou porque fui influenciado pela cultura ao meu redor?". Para responder a essa dúvida, volte sempre aos seus valores e veja se a decisão vai ao encontro deles.

Se somarmos a incerteza ao nosso amor incondicional pelos nossos filhos, podemos, sem querer, acabar criando uma receita para o amor tóxico, aquele que aceita tudo e pode tudo. Quando chegamos a esse ponto, nosso amor já ultrapassou o limite do racional e você para de conseguir educar os seus filhos com eficiência. Mais do que isso, a forma como você

Como educar se não sei me comunicar?

acredita que está educando passa a ser um risco à formação do caráter de seus filhos.

Sendo assim, você não vai exercer sua função de pai de forma responsável se basear sua parentalidade só em amor e intuição. Não confie somente nisso para educar os seus filhos. Não será suficiente. É preciso que você dome seu amor e empodere sua intuição. Seu amor precisa ser inteligente e sua intuição necessita de inteligência emocional.

Pais precisam de critérios, bom senso, e necessitam desenvolver responsabilidade. Não basta amar. O amor precisa ser responsável, e a intuição também. Eu vejo muitas mães – que são mais afetivas – errando de forma destrutiva por não saberem como usar a própria inteligência emocional na hora de amar os filhos. Sei que elas acreditam que são as melhores mães do mundo, mas, na verdade, estão encaminhando os filhos para um risco muito grande ao não os preparar para o mundo real. Elas estão sendo imaturas na maternidade delas.

Não quero dizer com isso que culpo pais e mães por amarem demais seus filhos, quero trazer luz e consciência de que só o amor não é suficiente. O amor precisa ter como aliados o conhecimento, os limites, os valores e a inteligência emocional. Há pais e mães que buscam levar tanta segurança para os filhos, que tiram deles mesmos para conseguir fazer isso. Eles são capazes de empobrecer para dar o que não podem, para que os filhos tenham "do bom e do melhor". Isso não é certo porque há uma inversão de valores que distorce a visão dos filhos. A mensagem que está sendo passada em uma situação como essa é a de que os filhos não precisam ter amor-próprio, porque os pais também não amam a si mesmos.

Essa necessidade de querer provar para a sociedade que são pais maravilhosos faz com que muitos se anulem pelos filhos. Essa não deve ser a mentalidade. Se a educação que você der ao seu filho for eficiente, ele terá condições de conquistar as próprias coisas sozinho. Mas, para isso, os filhos precisam ter em casa um exemplo de pais felizes, determinados, dispostos a evoluir.

Já perdi a conta de quantos pais vi endividados para que as filhas tivessem uma festa de 15 anos, ou de casamento. Já vi pais que vivem de aluguel porque preferiram comprar um apartamento para os filhos.

Esse não é o caminho. Isso não é amar os filhos. As coisas precisam acontecer na ordem certa, e o amor incondicional não significa que você aceita tudo. Muito pelo contrário, significa que haverá imposição de limites.

Parte 4:
A educação parental muda o mundo

⸙ PARTE 4 ⸙

O mundo de hoje levanta muitas bandeiras como, por exemplo, antirracismo, empatia, solidariedade e espírito colaborativo. E o que são todas essas bandeiras? Valores. Valores morais e éticos. A sociedade tem muitas feridas expostas que precisamos debater. O que muitos chamam de "mimimi", na verdade, são temas sérios que precisam ser trazidos à tona para que essas feridas inflamadas comecem a ser curadas. A cura virá de uma sociedade mais empática e disposta a se comunicar de forma efetiva. Mas qual é a causa dessas feridas?

Quando não há referência de uma base de valores dentro da família, como podemos esperar que os indivíduos que compõem a nossa sociedade saibam o que é respeito às diferenças? Como podemos esperar que limites sejam respeitados se, dentro de casa, eles

Como educar se não sei me comunicar?

nunca foram impostos? A educação parental existe também para que os pais possam oferecer aos filhos um ambiente saudável emocionalmente e psicologicamente, com valores, ética e comunicação efetiva. É um trabalho preventivo: a educação dos pais previne feridas na sociedade. Um mundo melhor é construído por pessoas melhores. E pessoas melhores se formam dentro de casa.

O que vou dizer agora não é uma regra exata, mas é sim uma recorrência: pessoas revoltadas e amarguradas, muitas vezes, vieram de estruturas familiares debilitadas. Elas não encontraram em casa o amor, o carinho e o diálogo. Em um mundo tão exposto e sensível, a fragilidade e a vulnerabilidade encontram um lugar para se estabelecer. Se nossos valores morais e éticos não estiverem enraizados e claros em nós, os discursos de ódio, facilmente, encontrarão um lugar para se disseminar.

Mas então o que fazer? Qual é a nossa arma contra isso? Buscar construir pessoas mais estáveis emocionalmente, mais sensatas, sensíveis, empáticas e abertas ao diálogo. Pessoas mais seguras, mais confiantes e com melhor autoestima. É claro que nem toda a construção do caráter virá apenas da família, existem outros fatores – como a genética e o desvio natural de caráter, por exemplo –, mas se olharmos com atenção, perceberemos que boa parte das dores que as pessoas carregam são absorvidas no ambiente familiar. Ou deixaram de ser percebidas e atendidas no ambiente familiar. Afinal, algumas dores nascem em outros ambientes, como os ambientes escolar e social, por exemplo.

Falar em transformar o mundo é falar sobre estar disposto a começar essa transformação em casa. Primeiro precisamos transformar a família e, para isso, o primeiro passo deverá ser em direção à educação parental. Esse é um movimento que visa a transformação positiva no ambiente familiar. Ele precisa ser seguro e saudável, para que, assim, os pais consigam transmitir os valores morais e éticos que nos trarão cidadãos melhores.

Quando decidi dedicar a minha vida à educação parental, é porque acredito em formar pais educadores e mais maduros. Pais preparados sabem preparar os filhos para os desafios da vida. Eles se tornam mentores e modelos de inspiração. Pais educadores mudam o mundo. A cultura inovadora da educação parental muda o mundo. Antes que Steve Jobs criasse o iPhone, nós não sabíamos da necessidade dele, mas agora não conseguimos viver sem esse aparelho que facilita tanto a nossa vida. Vejo a educação parental como uma espécie de *smartphone* para os pais, ela serve para deixar a vida mais fácil, ela é capaz de revolucionar o mundo.

Em meu escritório de desenvolvimento humano, eu costumava atender empresários, executivos e mulheres. O foco era sempre se reinventar na carreira ou na vida pessoal. Nesses atendimentos, comecei a perceber que sempre surgiam conversas sobre a educação dos filhos. Conforme eu trocava experiências com os meus clientes, eu aprendia também. Falar sobre experiências me ensinava a não repetir determinadas ações com os meus filhos. Aos poucos, percebi que meu escritório virou uma rede de apoio para os pais, assim como para mim mesma. A partir disso, comecei a pesquisar novas formas de como eu poderia ajudar esses pais e foi quando descobri a educação parental. Toda essa experiência me trouxe a consciência de que, a cada nova lição, eu ganhava como desenvolvedora humana, e aplicava o que aprendia com meus filhos. Melhorei muito na maternidade, na função parental.

Durante a pandemia, recebi uma demanda grande de escolas e de pais. O ambiente familiar foi muito atingido pela nova rotina, pelo *home office*, pelas aulas online. Uma nova dinâmica se estabeleceu e passei, então, a estudar mais e pesquisar novas ferramentas que pudessem auxiliar os pais e educadores.

Foi a partir dessa demanda que passei a pensar em formar algo mais robusto e que pudesse fazer a diferença na vida dos pais. Depois de participar do primeiro Congresso Internacional de Educação Parental, em novembro de 2020, percebi que essa cultura estava ganhando força, mergulhei de cabeça nesse universo e fundei a Escola de Pais. Percebi que a Escola poderia ser uma grande disseminadora desse movimento no Brasil. Encontrei uma forma de espalhar essa mensagem para ajudar a criar essa cultura em nosso país.

Insisto na ideia de que os pais precisam descobrir que existe essa possibilidade porque acredito que pais melhores impactam famílias que, por sua vez, impactam a sociedade. É preciso mudar o *mindset*, virar a chavinha na mente de pais de todo o Brasil, de todas as camadas sociais.

Escutar também é comunicar

Voltando para o tema central do livro, que é a comunicação com os filhos, já falamos por aqui sobre a importância da escuta durante a comunicação. Ela é fundamental para que a comunicação exista, do contrário, não estaremos nos comunicando de verdade, apenas informando, percebe? A comunicação exige a troca. Transmitimos uma mensagem e recebemos outra, em resposta.

Além disso, é importante desenvolver a postura de escuta ativa. A escuta ativa acontece quando nos colocamos dispostos a ouvir sem criticar, compreendendo o contexto no qual o outro está inserido. Quando o outro do qual estamos falando é o nosso filho, essa tarefa pode até parecer difícil, mas precisamos lembrar que nosso papel é educar esse ser humano que está em desenvolvimento. A prática da escuta ativa é fundamental, principalmente na adolescência, quando os problemas podem se tornar riscos sérios e não apenas dificuldades com resoluções mais simples.

Nessa pauta, entra um outro fato importante. Os pais precisam aprender a escutar o que os filhos não estão falando. Lembra lá no começo do livro quando falamos sobre a comunicação não existir somente nas palavras? O que os seus filhos dizem quando não estão usando palavras?

As crianças se comunicam de várias formas, os bebês, por exemplo, que ainda não desenvolveram o poder da fala, se comunicam por meio de gestos, do choro, de movimentos. Escutar o que está por trás desses sinais é importante, porque demonstra que os pais estão dispostos a construir um relacionamento de intimidade com os filhos.

Para alguns pais, essa sensibilidade já é bastante aflorada e uma simples mudança na postura do filho pode despertar a preocupação de que algo não vai bem com ele. Se você sente que não consegue interpretar tão bem a leitura corporal de seus filhos, não se preocupe, porque essa habilidade pode ser treinada.

Comece prestando mais atenção a como seu filho reage, como ele se comporta diante de uma frustração, por exemplo. Fica bravo e cruza os braços? Ou fica triste e prefere ficar sozinho? Como está

Como educar se não sei me comunicar?

o comportamento dele quando retorna da escola? Pode não ser fácil no início, mas só de treinarmos nossa mente para isso, imediatamente passaremos a perceber mais.

Educar os filhos dá trabalho, exige esforço. É como ir à academia: *no pain, no gain.* Se você está sentindo dificuldade, provavelmente está no caminho certo. Está se educando e está educando seus filhos. Sem suar, não haverá resultado, e aprender a escutar exige esforço e sensibilidade. Vejo muitos pais reclamarem que o filho não compartilha com eles, mas quantas vezes ele sentiu que você estava predisposto a ouvi-lo? Quantas vezes ele iniciou um diálogo e você não deu atenção porque estava com a cabeça em outro lugar?

Quando um amigo vem desabafar comigo sobre um problema ou uma dor, eu escuto e vivo aquele momento. Quando é meu filho que quer conversar comigo, eu me entrego à história dele como se fosse minha. Ser um pai educador e mentor é estar envolvido nas questões de nossos filhos, por mais banais que possam parecer para nós, ouvir de verdade e buscar compreender o que eles dizem são atitudes fundamentais. A escuta é primordial para que a conexão aconteça, para que o vínculo se estabeleça. Sem escuta, não há fala.

Um dos maiores obstáculos da atualidade no treinamento da escuta é o celular. Eu mesma preciso me policiar e ficar atenta para que ele não roube minha atenção sempre que pode. Quantas vezes nossos filhos nos contam alguma coisa e não escutamos porque estávamos respondendo alguém pelo WhatsApp? Nesse momento, estamos fisicamente ali, mas não estamos presentes, e muitos filhos reclamam disso com razão. Eles sabem quando não estamos inteiros.

Um fenômeno que me acompanha a vida inteira é que – em qualquer ambiente, mesmo que eu tenha acabado de conhecer alguém – as pessoas se sentem muito à vontade comigo para compartilhar sentimentos ou informações da vida delas. Eu costumava achar que isso era um dom, mas hoje percebo que isso acontece porque eu adoro ouvir pessoas, e elas percebem isso, percebem que eu me importo e que realmente me entrego à comunicação. Isso conecta. E desenvolver essa habilidade me trouxe muitas coisas positivas. Não só para a comunicação com os meus filhos, mas também para a minha vida profissional. Foi a partir da comunicação que construí um *networking* grande e de qualidade.

A escuta ajuda em todas as áreas da vida, e requer paciência. Nós temos a habilidade de perceber quando alguém não está bem. Isso é intrínseco ao ser humano. A partir disso, crie o hábito de se aproximar das pessoas através da escuta e da sensibilidade. São habilidades que podem ser desenvolvidas e o mundo, hoje, valoriza essa humanização. Treine com seu cônjuge, por exemplo. Quando ele chegar do trabalho e quiser compartilhar algo, escute primeiro e depois conte sobre o seu dia. Faça o mesmo com os seus filhos.

Quanto mais desenvolvido o adulto for na sensibilidade e no poder da escuta, mais sucesso terá em todas as esferas da vida.

Reconhecer sentimentos e conversas maduras

"Pai, tô com medo do monstro!"

"Ah, que besteira, filho! Tem que perder o medo."

Tenho certeza de que você já ouviu esse diálogo em algum lugar; seja em um filme ou até dentro da sua própria casa. Parece que estamos vivendo em um mundo de super-heróis e que, a todo momento, precisamos ter ousadia, coragem e alegria. Outro dia me peguei refletindo sobre aquelas placas de "sorria, você está sendo filmado" e fiquei pensando o quanto somos induzidos, o tempo todo, a parecer estar bem. E se seu eu estiver triste? Por que preciso sorrir o tempo todo? Essa cobrança constante de felicidade só nos faz mascarar o que estamos sentindo de verdade.

Gosto muito de usar o filme *Divertida Mente* como exemplo para falar do reconhecimento de emoções. Se você ainda não assistiu, recomendo e sugiro que aproveite com as crianças. Adoro os filmes da Pixar porque eles sempre garantem diversão e ensinamento. Na história, o pai da personagem principal, Riley, é transferido de cidade e toda a família precisa se mudar. A partir disso, a garota de 11 anos se vê obrigada a deixar para trás atividades que gostava de praticar, todos os amigos e a escola em que estudava. Durante todo o período da mudança, os pais insistem em demonstrar para a menina que a experiência é positiva, que a casa é melhor, que a escola será legal e que aquela mudança não precisa ser dolorosa.

No desejo de não fazer a filha sofrer – e, neste caso, perceber que eles seriam a causa do sofrimento dela –, os pais não permitem que Riley reconheça um sentimento que, até então, era novo para ela: a tristeza. Aos poucos, sufocar esse sentimento vai fazendo com que a menina se sinta cada vez mais fragilizada, infeliz, e ela acaba se fechando completamente e se perdendo dentro de si, a ponto de fugir de casa porque já não sabe para onde correr. O filme ilustra muito bem o que pode acontecer quando os pais não validam o sentimento dos filhos e não o ensinam a nomeá-lo. Riley sentia saudade, tristeza, e não sabia como verbalizar aquilo.

Ainda que a mudança tenha trazido ganhos, não se pode ignorar as perdas e, digo mais, se nós não soubermos reconhecer nossas perdas, teremos muita dificuldade em enxergar nossos ganhos. Infelizmente, haverá momentos na vida em que poderemos ser os causadores de algum sofrimento para nossos filhos. Compreenda isso desde já. O casamento pode não dar certo, talvez tenhamos que mudar nossos filhos de escola por uma questão financeira... A vida é imprevisível e precisamos estar preparados para ensinar amadurecimento a partir da dor.

Dizer ao seu filho que o medo que ele sente do monstro é besteira é não validar o que ele está sentindo. Ainda que, para nós, o motivo pareça invisível. Riley só consegue voltar para casa e recuperar todos os sentidos quando os pais compartilham com ela que também sentiam falta do que viveram. Reparem na brilhante metáfora do filme: dentro da mente de Riley, a Alegria só voltou a assumir o controle quando permitiu que a Tristeza coexistisse com os outros sentimentos. Não é incrível? Precisamos encarar o medo do monstro com nossos filhos, assim como precisamos encarar os nossos monstros internos.

Quando eu me separei, conversei individualmente com cada um dos meus filhos. Eu sabia que cada um reagiria de forma diferente, até por conta da idade. Meu mais novo tinha seis anos, na época, e as meninas já eram maiores. Construí nosso diálogo em cima do que eu estava sentindo e falei sobre meus medos e tristezas. Existe um estigma (e que não é verdade) de que filhos de pais separados são sempre problemáticos, e eu não queria, de forma alguma, que meus filhos não soubessem reconhecer as próprias emoções. Ao demonstrar que eu

Como educar se não sei me comunicar?

também estava triste e assustada, permiti que eles fizessem o mesmo.

Tivemos uma conversa madura e expliquei que, por mais triste que fosse aquela situação, às vezes, as coisas não saem conforme o planejado, mas deixei claro que encararíamos juntos as dificuldades que viriam dali. Falei sobre o pai deles de forma madura, porque era importante respeitar a figura do pai dos meus filhos, mesmo que não estivéssemos mais juntos. Meu segundo menino é bem fechado e logo percebi que ele estava sofrendo calado. Quando nos sentamos para conversar e perguntei se ele estava triste porque o pai dele e eu estávamos nos separando, a primeira resposta que tive foi: "Não, tudo bem, mãe". Eu precisei reforçar para ele que não, não estava tudo bem, porque o que estávamos vivendo era realmente triste. Foi só depois de validar o que estávamos sentindo que ele começou a chorar, e chorou por meia hora trancado comigo no quarto, e eu junto, porém firme. Com isso, notei depois que ele se sentiu muito aliviado.

Desde então, tudo dentro da minha casa sempre envolveu muito diálogo sobre emoções e sentimentos. Quando fui começar um novo negócio, compartilhei com eles que acreditava muito no que queria fazer, mas que estava com medo. E eles compartilharam comigo as dificuldades em mudar de escola. Nós não estamos vivendo o tempo todo sob uma placa de "sorria", percebe? Podemos falar sobre dias tristes e dos momentos em que sentimos raiva, e aproveitar esses momentos para educar os nossos filhos sobre os próprios sentimentos. Assim, eles serão capazes de identificar as próprias emoções e não se sentirão obrigados a sufocar as próprias sensações, como aconteceu com a Riley, em *Divertida Mente*.

Quando conheci meu atual marido, tive muita cautela para inseri-lo em nosso contexto familiar; com muito diálogo e respeito aos meus filhos. Demorei um bom tempo analisando o que eu estava vivendo e como eu teria essa conversa séria com eles. Não existe uma regra e um tempo certo para que isso aconteça. Quando senti que meu relacionamento estava maduro e que, dentro das emoções dos meus filhos, parecia certo, me sentei para ter essa conversa. Tudo foi feito com muita sinceridade e transparência, validando os sentimentos de todos os lados. Com o passar do tempo – para a minha surpresa –, foram meus filhos que disseram que estava na hora de me casar novamente.

Tenho orgulho em dizer que meus filhos são exemplos na escola por conta da educação que tiveram em casa e faço questão de deixar isso registrado aqui no livro, para mostrar para você que isso é possível. Não é só algo em que eu acredito. É algo que eu vejo todos os dias. Em 2021, em uma reunião de pais do meu filho menor que aconteceu pelo Zoom, me emocionei ao ver que os professores se comoveram ao falar da maturidade dele, estavam impressionados com a forma como ele tratava e respeitava todos.

Meu relacionamento com os meus filhos é exemplo de muita escuta e comunicação. E você pode aprender a fazer o mesmo ao se dedicar à educação parental. Na educação de pais, desenvolvemos a inteligência emocional e as habilidades socioemocionais necessárias para que você possa reconhecer os próprios sentimentos e se sentir mais à vontade para conversar sobre eles com os seus filhos. Não só para dialogar, mas para aprender a reconhecer quem você é e quem seus filhos são.

Conhecer o perfil dos filhos

Quando fiz minha formação em análise de perfil, meu objetivo era melhorar o atendimento que eu oferecia a empresas, empresários, executivos e mulheres, e que buscavam evoluções na carreira. A partir desse estudo, eu aprendi mais sobre as diferenças de perfis e isso me abriu um leque de possibilidades para auxiliar quem buscava recolocação profissional ou apoio na contratação de colaboradores.

Eu sempre fui muito comunicativa e expansiva, e até então, eu não entendia que as pessoas diferentes de mim não eram nem melhores, nem piores. Eram apenas diferentes. Quando fiz esse curso, eu entendi, de maneira científica, que cada indivíduo tem o seu valor e uma forma de contribuir para a sociedade ou para um trabalho em equipe. A partir disso, quero trazer um exemplo muito comum que aparece com frequência em meu escritório.

Atendo adolescentes também, desde 2012, e, muitas vezes, recebo pais que os acompanham reclamando que os filhos não querem sair para festas ou eventos com os amigos. Por mais que possa parecer, nem sempre isso é um problema. Não é todo adolescente que, só pela idade, deveria gostar de festas ou de sair com a turma e socializar sempre. Daí a importância de conhecer bem o seu filho e de compreender que existem perfis diferentes.

Como educar se não sei me comunicar?

Leituras equivocadas de perfis criam estigmas e cobranças desnecessárias que podem, inclusive, gerar conflitos em casa ou crises de ansiedade.

Lembra do paralelo que traçamos entre família e empresa? Qual é o papel de um gestor dentro de uma empresa? Desenvolver pessoas. Portanto, seu papel como pai é desenvolver seu filho, mas buscando compreender o perfil e potencializando os talentos dele. Às vezes, um pai quer que o filho seja um líder, mas a verdade é que nem todo mundo nasce com o perfil de liderança. Se seu filho é mais tímido e recatado, ele certamente será bom em outras áreas que não, necessariamente, envolvam muita socialização.

Muitos pais acabam minando a autoestima dos filhos por não terem a percepção das diferenças de perfil. O mundo atual e as redes sociais nos fazem acreditar que os bem-sucedidos são só aqueles extrovertidos e que sabem se expressar bem em público. Parece até que somos obrigados a ser assim – da mesma forma como nos obrigam a sorrir – e essa referência de sucesso não é verdadeira. Existem muitas possibilidades e oportunidades para pessoas detalhistas, minuciosas e mais introspectivas. O mundo não é feito só de empreendedores ousados e ansiosos em arriscar.

Como já falei, tenho quatro filhos, e cada um deles é completamente diferente do outro. Uma das minhas filhas é supertímida, bem diferente de mim, e ela tem características maravilhosas que eu não tenho, então aproveito para aprender com ela. Comportamentos indesejados podem sempre ser trabalhados, novas habilidades podem sempre ser desenvolvidas, mas a nossa essência, a nossa personalidade, a gente não muda.

O método DISC, no qual me formei, é uma ferramenta de avaliação comportamental para que possamos identificar o perfil dominante de cada pessoa. Ele compreende que existem quatro perfis de comportamento:

Dominância

No perfil dominante, geralmente as pessoas são bem extrovertidas, exageradas e emotivas – diga-se de passagem, eu tenho esse tipo de perfil. O perfil D é bastante dominador e pode até chegar a ser um pouco agressivo e autoritário. Então, se você tem um filho com esse perfil e você tenta uma abordagem com imposições, as chances são de que ele irá bater de frente com você, e não fazer o que está pedindo. O perfil D precisa sentir que está tomando a decisão, portanto, busque sempre trazê-lo para o processo decisivo. Algumas características do perfil dominante:

- Aventureiro
- Assertivo
- Autossuficiente
- Competitivo
- Corajoso
- Decidido
- Determinado
- Firme
- Impaciente
- Inovador
- Ousado
- Persistente
- Pioneiro

Influência

O perfil influente costuma ser carismático, simpático e emotivo. É normal que as pessoas com esse perfil gostem de fazer um pouco de drama ou de chamar atenção, e elas brilham mesmo! Geralmente, as pessoas tendem a gostar muito do perfil influente e isso faz parte do potencial desse comportamento. Frases como "ai, você fala demais" ou "você é muito dramático" podem fazer com que seu filho se sinta muito mal. Busque compreender que isso faz parte do perfil dele, isso certamente ajudará na relação de vocês. Algumas características desse perfil:

- Carismático
- Confiante
- Convincente
- Cordial
- Emocional
- Espontâneo
- Expressivo
- Falante

- Gregário
- Inspirador
- Otimista
- Vaidoso

Estabilidade

O perfil de estabilidade costuma ser supersensível. Esse é o filho que é mais pensativo e introspectivo e, se usamos com ele uma abordagem que usamos com o filho que tem predominância D, pode ter certeza de que ele sofrerá por dentro por muito tempo. Para lidar com pessoas que tem o perfil da estabilidade, busque ter mais gentileza e ternura na abordagem. Esse é justamente o perfil que, geralmente, não gosta de festas e muitos eventos sociais. Algumas características desse perfil:

- Bom ouvinte
- Calmo
- Consistente
- Humilde
- Metódico

- Modesto
- Paciente
- Pacífico
- Pensativo
- Ponderado
- Sentimental
- Sistemático

Conformidade

No perfil de conformidade, é provável que seu filho seja do tipo que não tolera mudanças e tem muita dificuldade com alterações na rotina. As pessoas com esse perfil costumam ser muito organizadas, gostam de disciplina e, para se sentirem bem, precisam estar em uma rotina com horários definidos. Qualquer mudança repentina no que havia sido planejado pode ser o suficiente para que seu filho se perca e se sinta tenso durante o dia inteiro. Procure ter paciência e compreender que é preciso respeitar os limites dele em relação à organização, principalmente se o perfil dos pais for completamente diferente quanto a isso. Algumas características dominantes:

Como educar se não sei me comunicar?

- Analítico
- Cauteloso
- Conservador
- Cuidadoso
- Detalhista
- Disciplinado
- Discreto
- Exigente
- Factual
- Formal
- Organizado
- Perfeccionista
- Reservado
- Temeroso

Exercício

Depois de ter consciência que existem tantos perfis diferentes, será que você consegue identificar quais são os traços mais marcantes de seu filho com base nas informações anteriores? Sabendo desses traços, que abordagem você pode mudar para ser mais assertivo na comunicação com ele?

Education skills

Uma das minhas intenções ao escrever este livro é mostrar para os pais que a missão de criar e educar os nossos filhos não precisa ser tão difícil. No mundo corporativo, fala-se muito sobre *hard skills* (graduações, cursos, mestrados e qualquer habilidade técnica que você possa desenvolver) e *soft skills* (habilidades socioemocionais que podem ser desenvolvidas, como empatia, ética, liderança e resolução de conflitos, por exemplo).

Eu quero trazer um patamar mais aprofundado, um olhar mais apurado para esse desenvolvimento humano que são as *education skills* (ou competências educacionais), ou seja, habilidades que você pode desenvolver em sua função educadora. Assim como o desenvolvimento de *hard skills* e *soft skills* pode ser aproveitado para diversas esferas da vida, quando você aprende sobre a sua parentalidade e está disposto a melhorar as suas ferramentas na educação de seus filhos, percebe uma evolução em outras áreas também. E isso é um grande motivador!

Como educar se não sei me comunicar?

Quer compreender melhor quais são algumas delas?

- Escuta
- Liderança
- Planejamento
- Paciência
- Autocontrole
- Gestão de emoções
- Comunicação

Ao desenvolver a escuta, você se comunicará melhor; ao desenvolver a liderança, você saberá como liderar a sua casa; ao exercitar o planejamento, você verá o seu lar funcionar de forma planejada e com disciplina; ao exercitar a paciência, você ganhará uma grande capacidade de percepção. Há sempre um ganho quando decidimos buscar a melhor versão de nós mesmos como pais.

Ao buscar se tornar um pai educador ou uma mãe educadora, você está buscando se desenvolver como ser humano. Aprendendo a ler o perfil de seus filhos, você também será capaz de ler os perfis das pessoas no seu trabalho e saberá as melhores formas de abordagem para se comunicar com elas de forma efetiva. Por isso, digo que desenvolver habilidades educativas pode ser uma excelente maneira de nos desenvolvermos enquanto profissionais também.

Quando começar a desenvolver cada uma dessas habilidades, você vai aprender a aceitar, a conhecer e a amar com muito mais qualidade. Desenvolver *education skills* dará a você habilidades mais profundas para aperfeiçoar suas outras habilidades, sejam elas técnicas ou socioemocionais, e facilitará muito o seu dia a dia na educação de seus filhos.

Quando buscamos aperfeiçoar nossas *education skills*, de forma orgânica e natural, ganhamos uma nova postura fora de casa, e todas essas habilidades reforçam o vínculo com nossos filhos, melhorando a comunicação. A educação parental transforma os adultos de hoje em pessoas melhores e prepara nossas crianças para um futuro revolucionário.

Muitas empresas investem, hoje, no bem-estar de seus colaboradores, e não existe bem-estar mais impactante do que o bem-estar familiar. Aquele colaborador que desenvolve *education skills* não só terá mais tranquilidade em casa, com sua família, como, consequentemente, terá mais produtividade na empresa, e vai contribuir para um ambiente mais saudável e equilibrado dentro do ambiente corporativo.

É um ciclo vicioso fantástico, positivo, impactante, poderoso e transformador.

Parte 5: A importância do storytelling

❧ PARTE 5 ❧

No início do livro, e durante todo o nosso desenvolvimento até aqui, tenho reforçado como a comunicação é um dos pilares fundamentais para que o nosso relacionamento com os filhos seja mais próximo. Neste capítulo, quero ensinar a vocês uma técnica que me ajudou muito a reforçar os vínculos e os laços afetivos com os meus.

Muitos pais sentem dificuldade em abrir espaço e começar a comunicação com os filhos. Às vezes, não sabem nem por onde começar e essa costuma ser a maior dificuldade que enfrentam. O que significa conversa para eles? Só perguntar se o filho está bem? Mas como fazer com que o diálogo se desenvolva a partir dessa resposta? Existe uma forma muito simples e potente para se começar a criar a cultura do diálogo em casa: através de histórias. Principalmente as histórias pessoais.

Todos nós gostamos de consumir histórias – não é à toa que estamos cada vez mais conectados à Netflix e outros aplicativos de *streaming* –, e a contação de histórias é uma das tradições mais antigas na cultura humana. Trata-se de uma atividade lúdica e prazerosa que amplia a nossa imaginação e que, por meio da oralidade, nos ajuda a disseminar tradições e a propagar cultura.

O mundo do marketing tem se apropriado cada vez mais do uso dessa ferramenta para humanizar marcas. Quando se fala em *branding*, por exemplo, compartilhar a história da empresa, quem foram os seus fundadores ou quem está por trás da gestão atual da empresa, tem agregado muito valor sentimental ao que estamos consumindo. Saber quem são as pessoas por trás dos produtos e qual foi a motivação delas para criar aquilo geram identificação e vínculo.

Por que não, então, humanizarmos as nossas próprias histórias por meio dessa ferramenta? A técnica de *storytelling* é o caminho mais simples e mais potente na construção da cultura do diálogo dentro da família. Não acredita? Vou dar um exemplo. Tenho certeza de que você já presenciou – em uma creche ou em uma escola – diversas crianças correndo e brincando, mas parando imediatamente o que estavam fazendo quando ouviram de algum adulto: "Quem quer ouvir uma história?". Ao abrirmos um livro, a famosa frase "era uma vez..." prende a atenção de qualquer um. O mistério do que virá adiante deixa qualquer criança – ou adulto – completamente atento e disposto a escutar.

Você se lembra de quantas vezes pediu para rever um filme quando era criança? Histórias nos deixam fascinados e, especialmente para as crianças, ajudam a organizar a fala, os pensamentos e a memória. Repare como é muito mais fácil nos lembrarmos de alguma história que ouvimos do que, simplesmente, algo que alguém disse. Quando quiser compartilhar algo com seu filho, experimente transformar isso em uma história e veja o que acontece. E não é preciso usar sempre o "era uma vez", quando você compartilha uma história pessoal que tem relação com o que seu filho está sentindo, a identificação acontece imediatamente.

Como educar se não sei me comunicar?

Quer um exemplo? Imagine que seu filho adolescente chega à sua casa se sentindo muito triste porque a namorada terminou com ele. Essa pode ser a primeira vez que seu filho está experimentando o sentimento de rejeição e não sabe bem como lidar com isso. Quando for tentar abordá-lo, é provável que ele não esteja muito a fim de falar, então experimente começar o diálogo com: "Sabe filho, quando eu tinha a sua idade, me apaixonei por uma menina que...". Tenho certeza de que ganhará a atenção dele logo ali. Aproveite para compartilhar com ele como você se sentiu na época e como, aos poucos, foi lidando com aquela dor. Seu filho vai se reconhecer na sua história e pode aprender muito com ela.

Eu sempre gostei de contar histórias. Desde que tinha 15 anos comecei a escrever pequenas histórias sobre o que eu via e vivenciava. E é por isso que faço questão de compartilhar tantas das minhas histórias pessoais neste livro, para gerar identificação com você, leitor(a). Muitas vezes, quando estamos passando por uma determinada situação, não conseguimos encontrar uma saída e acreditamos, de verdade, que não conseguiremos lidar com o problema que está nos afetando. Quando ouvimos uma história e percebemos que alguém mais já passou pelo que estamos passando, ganhamos perspectiva de que aquela dor pode ter fim, de que há um caminho para sair dela.

Se você acredita que não sabe contar histórias, crie o hábito de transformar pequenos acontecimentos do seu dia em uma. Experimente falar da sua infância em terceira pessoa. É um primeiro passo que pode ajudar você a desenvolver essa prática e, ao longo do tempo, tenho certeza de que perceberá que as histórias estão em todo lugar. Não é à toa que dizem por aí que a vida inspira a arte.

Hoje, sem nem perceber, nós estamos o tempo todo contando nossas histórias nas redes sociais. Acompanhamos a vida de nossos familiares e amigos através de pequenos capítulos e acontecimentos. Em minhas redes, eu procuro compartilhar o que eu vivencio e vejo como isso afeta a emoção das pessoas. Algumas amam e outras criticam... Mas se sentem tocadas de alguma forma, a ponto de iniciar uma comunicação.

Criar a cultura do diálogo em casa é mais fácil do que você imagina.

Como educar se não sei me comunicar?

Abrir espaços de comunicação

Quando compartilhamos uma história pessoal, estamos demonstrando nossa vulnerabilidade e, ao mesmo tempo, comunicando que estamos dispostos a fazer uma troca. Falar sobre acontecimentos pessoais nos expõe e cria espaços que, talvez, antes não estivessem disponíveis.

Tente puxar na memória algum momento em que você desabafou e se abriu com alguém. Foi exatamente nesse momento que você começou a gerar intimidade e a criar um vínculo. Há muita comunicação sem palavras em momentos assim, quando você dá o primeiro passo para se expor, está demonstrando que confia na pessoa que escolheu para escutar você. É um pouco como tirar a roupa na frente de alguém, pode ser um pouco assustador nas primeiras vezes, mas a intimidade que surge a partir disso vale a pena.

Para abrir espaços, nem sempre precisamos só compartilhar momentos difíceis. Se algum acontecimento, que pode até parecer bobo, é importante para você, compartilhe. Isso faz parte da sua história e contá-la aprofunda relacionamentos. Histórias têm o poder de nos fazer sair do superficial, porque o seu interlocutor passa a conhecer um lado seu que ele não conhecia. Histórias pessoais têm o poder de aproximar pessoas.

O filme *Toy Story*, da Pixar, é um exemplo disso. Se antes de assistir ao filme alguém dissesse que você iria se emocionar com a história de brinquedos, você jamais acreditaria. No entanto, quando os bonecos começam a ganhar vida e nos dedicamos a escutar a história, somos capazes de nos conectar com cada um deles. Mesmo se não nos identificamos diretamente com alguma história, conseguimos relacioná-las a outras pessoas que conhecemos e tiramos lições do que o filme está contando. Existe forma mais maravilhosa para os pais entenderem a emoção que as crianças sentem ao ver os brinquedos ganhando vida? É a humanização da imaginação. Uma história de amor, superação, amizade e encantamento.

Nós também tivemos os nossos príncipes e bruxas e, mesmo depois de adultos, somos capazes de nos identificar com cada tema que vemos nos filmes. As histórias nos possibilitam abrir espaços até para falar sobre assuntos delicados e que, muitas vezes, nos dão medo de abordar com os filhos. Outro filme da Pixar e que serve de exemplo para isso é a animação *Soul*. A história conta a vida de Joe Gardner, um professor de música que sonha em tocar em uma banda de jazz. Depois de, finalmente, conseguir impressionar um grupo do qual é fã e conseguir uma oportunidade, Joe sofre um acidente e sua alma é separada de seu corpo e levada para o além-vida. O personagem não aceita ter morrido bem antes de conseguir a chance de sua vida e começa a buscar formas de voltar para o corpo.

O filme nos leva a perguntar se estamos vivendo a vida como deveríamos, mas também trata o tema da morte com muita sutileza. Muitas são as lições que podemos extrair dele, mas mais que lições, o filme nos leva a muita reflexão sobre o que realmente importa na vida. Não há respostas. Há espaço para diálogo. E o que quero que você extraia daqui é que histórias abrem espaço para a conexão que tanto buscamos com nossos filhos.

A Disney e a Pixar são mestres em *storytelling* e precisamos aprender com eles.

O poder da história pessoal
na educação dos filhos

Se você chegou até aqui, já percebeu que ser pai e mãe é querer ensinar muitas coisas. São tantos valores, lições e mensagens que, às vezes, não sabemos por onde e como começar. Quando falo do poder das histórias e uso exemplos de filmes marcantes, é porque usar desse mesmo artifício pode ajudar você quando for compartilhar suas próprias histórias.

Essa é uma dica poderosa que uso com muitos clientes e vejo resultados fantásticos. É normal não saber como começar a compartilhar suas experiências, então, para que você vá se acostumando com o caminho, escolha um filme que foi marcante para você e que você sabe que já tem uma mensagem ou lição que gostaria de passar aos seus filhos.

Prepare a pipoca, deixe aquele clima de cinema na sala e convide seus filhos para assistir ao filme. É o momento perfeito para criar uma memória afetiva, reforçar o vínculo entre vocês e, ainda por cima, passar a mensagem que você tanto queria. Aos poucos, conforme o filme for passando, converse um pouco sobre os acontecimentos. Pode começar com

Como educar se não sei me comunicar?

um simples comentário, como: "Uau, você viu, filho? O carro mais simples venceu a corrida! Sabe por quê? Porque ele acreditou nele mesmo". Se não quiser ir direto ao ponto, pergunte ao seu filho qual é a opinião dele, isso pode gerar um debate saudável entre vocês e abrirá portas para que você conheça ainda mais sobre a forma como ele pensa.

Toda vez que assisto a um filme com os meus filhos, seja em casa ou no cinema, sempre que o filme termina eu pergunto: "E aí, o que vocês aprenderam com esse filme?". É sempre engraçado, porque cada um vê uma mensagem diferente ou interpreta a mesma mensagem, mas de uma forma diversificada. Às vezes, eles ficam me esperando, como se eu pudesse dar uma resposta certa, mas a verdade é que – a não ser que algum deles tenha tido uma interpretação completamente sem sentido em relação ao filme – não há resposta certa. O que vale é a comunicação e a interpretação de que podemos extrair ensinamentos e valores de boas histórias. Hoje vejo que eles cresceram e já assistem aos filmes com esse olhar de aprendizagem, eles já se permitem ver além.

Outra sugestão que funciona muito – principalmente com as crianças: vá a uma livraria e aproveite os espaços lúdicos para escolher um livro, se sentar com o seu filho e ler para ele. Ao ler uma história em voz alta, você desenvolverá a sua oralidade e passará a se sentir mais à vontade para contar a própria história. A repetição traz prática.

Se mesmo depois de todas essas dicas você ainda não tiver certeza de que tipo de história pessoal pode compartilhar com seus filhos, eu ajudo! A seguir, você verá uma lista de 25 ideias que pode começar a usar ainda hoje.

1. Conte uma história sobre um aniversário engraçado que teve, ou que você foi, quando era criança.

2. Conte uma história de algum animal que você teve.

3. Conte sobre um machucado que você fez e que marcou muito.

4. Conte como foi um primeiro dia de aula inesquecível.

5. Como uma história sobre o seu professor preferido na época da escola.

6. Conte sobre uma mentira que você contou para os seus pais e se arrependeu muito.

7. Como como era a sua casa (ou apartamento) de quando era pequeno.

8. Conte sobre um presente inesquecível que ganhou.

9. Conte como foi o processo de aprender a nadar, ou andar de bicicleta ou de patins.

10. Conte qual foi o filme que marcou sua infância.

11. Conte qual foi o livro que você mais gostava.

12. Conte sobre uma roupa que sua mãe obrigava você a vestir e que você odiava.

13. Conte como foi a primeira vez que você foi ao cinema ou ao teatro.

14. Conte sobre um evento trágico que você viu nas notícias quando era criança e nunca mais esqueceu.

15. Conte algo que seu pai ou mãe fazia e que deixava você revoltado.

16. Conte algum momento inesquecível que você teve com os seus pais.

17. Conte como foi quando você percebeu seu crescimento e seu corpo mudando.

18. Conte como foi o dia em que você mais sentiu vergonha na vida.

19. Conte como foi a primeira viagem que você fez com a sua família.

20. Conte como foi aprender a dirigir.

21. Conte algo que aconteceu com você no carro e que deu muito medo.

22. Conte como era seu melhor amigo quando era criança.

23. Conte como foi seu primeiro beijo.

24. Conte como foi a primeira decepção amorosa.

25. Conte como foi seu relacionamento com seus pais.

Lembre-se de que as histórias nos marcam com mais facilidade, mais ainda quando são pessoais e vindas de alguém que conhecemos e por quem temos carinho. As histórias pessoais têm o poder de passar ensinamentos de uma forma sutil, delicada e indireta, mas que tocam de forma muito mais profunda.

Eu nunca esqueci a história que a minha mãe me contou de quando ela e meu pai passaram fome. Ela disse que, ao ver que meu avô trazia macarrão com leite, sentia muito alívio. Para ela, era um luxo. Através dessa história, ela nunca precisou me dizer com todas as letras: "Dê valor a uma geladeira cheia". Ao compartilhar comigo um momento difícil, eu entendia a mensagem e sempre valorizei o que tive.

Humanizar as relações

Por muitos anos, se vendeu a imagem do pai super-herói, sempre ligado à ideia de força. Ao mesmo tempo, a imagem da mãe é vendida como a de supermulher, capaz de dar conta de tudo e de todos, sem perder a pose. Essas imagens podem até ter funcionado em algum momento, mas esses conceitos têm sido cada vez mais desconstruídos.

Por outro lado, sinto que estamos caminhando para um outro extremo, que também não é nada saudável, e construindo uma imagem de pai-amigo. Não há nada de errado em sermos amigos de nossos filhos, inclusive acredito que é de extrema importância desenvolver esse laço, mas quando nossos filhos passam a nos enxergar apenas como amigos e deixam de lado o respeito à hierarquia que existe na família, podemos enfrentar problemas.

Nas últimas décadas, a relação entre pais e filhos se perdeu. Passamos do pai super-herói autoritário para o pai-amigo e sem autoridade. E acredito que parte dessa confusão de hierarquia pode estar atrelada ao não entendimento claro do que é humanizar as relações.

Desenvolver relações humanizadas não quer dizer falar a língua dos filhos. Precisamos tomar cuidado e encontrar um equilíbrio. Não podemos perder nossa autoridade enquanto pais e nem precisamos impor limites de forma severa. Contar histórias é um dos caminhos que encontrei para buscar essa moderação.

Quando você conta uma história pessoal, você humaniza a sua imagem e se retira da narrativa de pai super-herói ou de mãe supermulher, porque passou por dificuldades e obstáculos para chegar aonde chegou. Ao mesmo tempo, falar sobre o que você aprendeu deixa claro para seus filhos que você tem autoridade sobre o que está ensinando, por ter mais experiência de vida e sabedoria.

Nós sempre respeitamos pessoas que superaram dificuldades. Olhamos para elas com admiração e respeito. Compartilhar com os seus filhos que você errou e sofreu, mas aprendeu com isso, mostra a eles que você está em um nível acima, e essa é a mensagem que mais tento passar para os pais. Construir autoridade não quer dizer que você é melhor que seus filhos, quer dizer apenas que você domina melhor um determinado assunto e que eles podem confiar em você para ajudá-los a crescer.

O pai-amigo que não consegue compreender a necessidade de impor essa hierarquia corre o risco de perder o respeito dos filhos e não conseguir ensinar os valores que tanto temos falado aqui. E as consequências disso em grande escala são péssimas quando pensamos em como isso afeta o desenvolvimento da sociedade como um todo.

Compreendo perfeitamente que alguns pais acreditem que ser pai-amigo é o caminho para ganhar o amor dos filhos e, a curto prazo, pode até ser que essa seja a sensação, mas, no fundo, essa atitude apenas irá mascarar problemas que precisarão ser enfrentados no futuro. O pai-amigo e permissivo tem preguiça de educar. Filhos amam pais porque eles são uma referência, porque trazem segurança emocional, são a contenção que o mundo lá fora não consegue reter.

Tudo que vem da intenção de educar com amor e limites traz resultados positivos. Portanto, não é necessário recorrer à permissividade para que seu filho ame você. A relação de amizade e confiança entre pais e filhos é possível quando mostramo-nos humanos, mas sem deixarmos de ser mentores. Fazer isso é um processo construtivo que leva anos e requer paciência. Sempre uso o exemplo do contato físico para mostrar essa evolução: quando o filho é pequeno, deixamos que ele monte nas nossas costas para brincar de cavalinho. Depois de um tempo, já não podemos mais brincar dessa forma e deixamos que ele sente em nosso colo para as próximas brincadeiras. Quando ele cresce mais um pouco, passamos a andar de mãos dadas e, com o passar dos anos, nos resta os abraços.

Percebe como o amor sempre esteve em todos esses momentos e como impusemos os limites necessários, mas sem perder os laços? Quando sentir que essa relação pode estar se confundindo entre vocês, verbalize: "Eu sou o seu pai e não o seu amigo, preciso que você me respeite. Podemos ter uma relação de amizade e confiança, mas para isso, a confiança deve vir das duas

Como educar se não sei me comunicar?

partes". Isso não é ser autoritário. Percebe que não é o que você fala, mas como você fala?

Todos esses elementos na hora certa, no lugar certo e com o tom certo serão poderosos na formação de caráter de seus filhos.

Memórias afetivas criam vínculos

Nosso cérebro tem um lugar especial para guardar nossas memórias, e as memórias afetivas são aquelas que nossas emoções criam para nós. Por exemplo, se um dia você estava na rua e foi assaltado(a), essa experiência cria uma memória afetiva negativa em você. Depois disso, sempre que você passar por esse lugar, é possível que tenha uma sensação ruim e seja tomado(a) por uma emoção negativa.

As memórias afetivas são poderosas e, o tempo todo, estamos gerando novas delas com os nossos filhos. Cada experiência que compartilhamos com eles pode se tornar uma memória afetiva. É importante que estejamos atentos a isso para entender de que forma estamos marcando nossos filhos. Como eles se lembrarão de nós? Para ter uma ideia de como os seus filhos veem você hoje, você pode usar a técnica de *storytelling* ao pedir que eles narrem um dia inesquecível que tiveram com você. Vai se surpreender como seus filhos são capazes de lembrar de momentos que você nunca imaginou que teriam tanto impacto.

Lembro de um episódio em particular quando pedi ao meu filho mais novo que compartilhasse um momento comigo. Ele me contou que, durante uma época em que eu saía à noite, porque tinha muitos eventos sociais, ele saía da cama e ia se deitar no chão do corredor para poder me ouvir chegar. Disse que se sentia superinseguro quando eu não estava em casa à noite, e eu nunca soube disso até aquele momento.

Nesse dia, percebi o quanto é importante pedir que nossos filhos também compartilhem histórias pessoais conosco. Funciona quase como um termômetro da relação. Depois disso, sempre que preciso sair ou viajar, explico aos meus filhos para onde estou indo, o que vou fazer, com quem estarei e se vou demorar.

Sou uma grande amante de rock e adoro sair com o meu marido, durante a semana, para escutar música em algum bar. Certa vez, em uma matinê, aproveitei que o horário seria mais apropriado e pedi autorização para levar meu filho comigo. Ele conheceu a banda, o ambiente e desmistificou a ideia do lugar que causava preocupação. Às vezes, as crianças criam imagens distorcidas e é importante mostrar a realidade para elas.

Quando conversamos sobre memórias afetivas, criamos fortes vínculos com nossos filhos. É importante ressaltar que o diálogo sobre memórias afetivas precisa considerar tanto as memórias positivas quanto as negativas. Só assim essa troca permitirá que a relação entre vocês cresça. E, aqui, aproveito para trazer mais uma referência do filme *Divertida Mente*. As memórias afetivas de Riley deixaram de ser felizes e se transformaram em tristes justamente porque ela não sentia que podia falar sobre elas. Percebe a importância da comunicação para manter memórias afetivas?

Para isso, abuse da técnica de *storytelling* e aproveite as perguntas que apresentei anteriormente. Incentive essa prática em sua família e veja como é interessante quando todos conversam sobre as próprias relações. Meus quatro filhos trazem memórias afetivas inacreditáveis e eu sempre me surpreendo, mas fico orgulhosa em assistir a nossos laços se fortalecendo.

Meu avô que passou pela guerra só pôde criar memórias afetivas com a família dele até os 16 anos. Entretanto, foram justamente nessas memórias que ele encontrou forças para sobreviver e para manter os valores e a família vivos dentro de si. As memórias da infância dele eram tão vigorosas que nunca esqueci uma que ele compartilhou comigo.

Meu avô sentia muito orgulho e admiração pelo pai. Ele era sapateiro e a família tinha uma vaca leiteira em um vilarejo da Polônia. Ser sapateiro, naquela época, e trabalhar com couro eram consideradas atividades nobres. Ao trazer bom sustento para a casa, isso possibilitava que a mãe dele fizesse boas ações. Meu avô nunca se esqueceu de que, quando era criança, uma vez por semana, a mãe distribuía leite para os moradores da cidade. Eles tinham uma vaca, e ele ajudava a mãe a entregar leite para a fila de vizinhos que se formava ali, naqueles dias especiais.

Conseguem perceber o poder das memórias afetivas e do compartilhamento de histórias? Meu avô nunca esqueceu da lição de solidariedade que aprendeu ao compartilhar comida e, para completar, manteve vivos os valores da família, transmitindo essa mensagem a mim ao contar histórias.

Parte 6:
Conhecer as próprias raízes

❧ PARTE 6 ❧

Partindo do princípio de que família é o nosso alicerce e onde buscamos nossas referências, considero fundamental saber de onde viemos. E, aqui, não estou me referindo só à maternidade ou a quem são nossos pais. Saber sobre a história da nossa família é muito valioso e faz toda a diferença para que possamos compreender nosso próprio comportamento. Nossa criação.

Geralmente, só prestamos atenção nisso sob um ponto de vista de saúde. Conforme algumas doenças vão aparecendo em nossas vidas, os médicos sempre perguntam sobre o nosso histórico familiar e nos vemos obrigados a investigar, por exemplo, se os nossos bisavôs ou bisavós tiveram algo com que deveríamos nos preocupar.

Eu venho de uma família judaica secular, não muito religiosa. O judaísmo em minha vida sempre foi mais tradicional e muito ligado ao Holocausto por conta do que os meus avós viveram. Quando eu tinha por volta de 24 ou 25 anos, comecei a estudar sobre o judaísmo e fui comentar com o meu avô sobre o que eu estava aprendendo e incorporando no meu dia a dia. Fiquei surpresa ao descobrir naquela conversa que a família dele, no vilarejo da Polônia, era super-religiosa.

Ele me contou que a avó dele rezava salmos na sinagoga toda noite e me trouxe referências de outros familiares que, até então, eu nunca tinha tido. Ele me contou histórias que eu nunca imaginaria sobre os meus antepassados. Aquilo me impactou muito e passei a pensar em que momentos algumas tradições haviam se perdido.

Não é possível entender nossas raízes sem ouvirmos histórias sobre os nossos antepassados e, quando deixamos de compartilhar essas histórias entre a própria família, muitas informações, tradições e hábitos culturais podem se perder no caminho. Não quero dizer com isso que devemos nos prender ao passado, mas compreender que a criação de nossa árvore genealógica pode trazer muitas respostas para perguntas que não conseguimos resolver. Como, por exemplo, ações e reações que se repetem ou comportamentos que não compreendemos. Ter essa consciência antes de começarmos a educação de nossos filhos pode fazer toda a diferença.

Quais valores foram mantidos? Quais ensinamentos foram revistos? Que tradições se perderam no processo? Como tudo isso afeta você e afeta a vida do seu filho? O século passado era muito diferente do que é hoje e nossos antepassados passaram por sofrimentos e obstáculos que sequer somos capazes de imaginar.

É muito importante compreender nossas raízes e cada família tem uma história sobre um momento histórico que vivenciou. Imagine uma família de imigrantes. Quase nunca paramos para pensar o que, exatamente, um de nossos antepassados viveu e sentiu a ponto de concluir que a melhor alternativa seria deixar a própria terra e começar em um novo lugar. Se, por exemplo, a família tem antepassados escravizados, consegue imaginar quantos desdobramentos disso os familiares de hoje ainda vivenciam?

Compreender a carga emocional, os valores, tradições e hábitos culturais que você carrega hoje, mesmo depois de gerações, é uma informação muito preciosa. E pode fortalecer você.

Escutar as histórias da minha família me fortaleceu

Eu nasci na Pro Matre, em São Paulo, em 19/2/1971. Em pleno carnaval. Minha mãe conta que os amigos dela chegaram fantasiados ao hospital para me receber. Eu adoro saber disso porque sempre fui festeira e encaro a vida de uma forma bastante carnavalesca, no sentido de sempre promover muita celebração e alegria, com músicas e danças.

Cresci no Bom Retiro. Naquela época, o bairro era extremamente judaico, pois muitos judeus que vieram da guerra se mudaram para lá. Às vezes, tenho a sensação de que o bairro era uma extensão dos vilarejos da Polônia que meu avô descrevia para mim. Era muito comum ouvir dialetos mais antigos do povo judeu, como o iídiche, e o bairro era lotado de sinagogas. As lojas eram, praticamente, todas de judeus. Morei lá até os meus seis anos.

O Bom Retiro também era repleto de velhinhos que gostavam de compartilhar as próprias histórias de como tinham vindo parar no Brasil. Muitas vezes eram histórias tristes que envolviam o Holocausto e a perda de contato com alguns parentes. Outros já tinham mudado de Estado algumas vezes e tinham vindo de Belém ou de Recife, por exemplo. Hoje, olhando para trás, sinto que crescer ali foi como estar em um filme. Como se eu estivesse entrando em uma história.

Meus avós, nessa época, moravam no Rio de Janeiro, no Méier e, depois, mudaram para Copacabana, mas sempre que podiam vinham a São Paulo, e eu cresci muito próxima deles. Meu avô trabalhava muito e era um grande contador de histórias, como vocês já devem ter percebido. Sempre que alguém me diz para me definir em uma única frase, eu respondo: "Sou neta de sobreviventes do Holocausto". Por estar ciente de toda a história da minha família, sinto que isso é o que mais me define.

Desde pequena, além de escutar as histórias tradicionais dos contos de fadas que costumamos contar às crianças, eu também sempre escutei as histórias da minha família. Por vezes, as histórias eram tristes e sofridas – principalmente as do meu

Como educar se não sei me comunicar?

avô –, mas eram histórias reais. Histórias pessoais e que me impactavam.

Quero compartilhar essa trajetória com você porque, muitas vezes, pais e avós querem poupar os filhos e netos do que eles mesmos vivenciaram, pois acreditam que são histórias pesadas demais para as crianças. O que eles não percebem é que são, justamente, essas histórias que nos ensinam sobre a vida. Se eu desenvolvi empatia, resiliência, vontade de ter sucesso, de me superar, de olhar para o próximo com cuidado e de querer uma família rica em valores, foi graças a essas histórias.

Meu avô tinha cinco irmãos. Quando ele tinha 16 anos, a guerra já havia estourado e ele e alguns amigos sabiam que não demoraria até que os nazistas invadissem a cidade deles. Eles tentaram avisar as pessoas do vilarejo, mas ninguém quis acreditar, e jamais imaginaram o que viria a acontecer a seguir. Meu avô contava que, depois de conseguir algumas armas, ele e dois amigos decidiram que a melhor alternativa, naquele momento, seria fugir para a floresta. Ele tentou convencer a mãe e a família toda a irem com eles, mas declinaram. Nunca esqueço dessa frase que ele disse à mãe antes de fugir: "Minha mãe, eu posso morrer de fome e de frio na floresta, mas Hitler não vai me matar".

E não matou. Por quase três anos, ele viveu nas florestas da Polônia e se juntou, rapidamente, a um grupo de combatentes chamado Partisans. Foram três anos sem nunca tirar as botas dos pés, porque a neve era alta e ele podia congelar. Nessa época, meu avô conta que se apegava às memórias afetivas da mãe, que tinha uma bela voz e cantava lindamente. Ele dizia que, no vilarejo, antes da guerra, durante o *shabbat*, as meninas sempre apareciam na casa deles para escutá-la.

Durante esse período, não só meu avô sobreviveu, como lutou para salvar pessoas dos campos de concentração. Foram 103 vidas salvas por ele enquanto buscava saber o que teria acontecido com a família dele. A mãe e irmãs morreram nas câmaras de gás no Campo de Sobibor. O pai ele viu, de longe, ser assassinado dentro de um gueto com um tiro na nuca, e descobriu ter perdido todos os seus parentes, 80 pessoas assassinadas. Ele me contou que escapou da morte diversas vezes, apesar de baixinho na estatura e de parecer mais fraco, ele era rápido, inteligente e, acima de tudo, resiliente. Chegou até a usar as roupas de nazistas mortos para conseguir lutar. Participou de emboscadas cinematográficas.

Em um determinado momento, meu avô encontrou na floresta duas irmãs que ele conhecia bem. A irmã mais velha estava ferida e não podia cuidar da irmã mais nova. A criança tinha apenas cinco anos na época. Como ele não podia levá-la com ele, meu avô bateu na porta de alguns camponeses e pediu que cuidassem dela. Disse que voltaria em três meses para buscá-la e, caso a menina não estivesse ali e bem cuidada, ele mataria todos. De meses em meses, ele voltava para buscar a menina e a levava para uma nova casa. Ele repetiu isso por anos. Quando a guerra terminou, ele levou a menina para um orfanato.

Como a vida é cheia de surpresas, anos depois, eles se reencontraram no Rio de Janeiro. Apesar de muito debilitada e de estar mal de saúde, em 2021, quando meu avô faleceu aos 96 anos, ela fez questão de ir ao enterro dele para agradecer. Todas as imagens desse momento estão registradas nas minhas redes sociais.

Todas essas histórias de luta do meu avô, sempre ricas em detalhes, me marcaram demais. E me fizeram mais forte. Se meu avô, com 16 anos, foi capaz de fazer tudo isso, eu me sinto capaz para enfrentar qualquer dificuldade na minha vida. Durante a pandemia, me inspirei na história de vida dele para construir a fortaleza, a resistência e a resiliência que minha família precisava. Daí a importância de conhecermos as nossas raízes.

Quando pensei no que ele passou e enfrentou, não me permiti reclamar ou acreditar que daria errado. Se ele teve a capacidade de viver na floresta por anos, eu teria a capacidade de enfrentar o isolamento. Sei que tenho privilégios que ele não teve e ensino isso aos meus filhos. Nossa mentalidade, durante um momento difícil, não foi desistir, só pensávamos em como ajudar o próximo.

Ensine seus filhos a contar as próprias histórias

Quando a pandemia começou, todos nós nos vimos obrigados a rever nossa rotina. Mais do que isso, sentimos a necessidade de rever toda a nossa vida e a forma como estávamos vivenciando os dias. Por conta da convivência mais aproximada que esse período possibilitou, passei a contar as histórias da família para os meus filhos com mais frequência ainda. Cheguei até a criar palestras especiais para compartilhar as histórias da minha família nas redes sociais. Meu avô ainda estava vivo no começo de 2020 e fizemos uma *live* com ele, no Rio de Janeiro, que ficou registrada no meu canal pessoal do YouTube com milhares de visualizações.

Um dia, de tanto escutar as histórias dos meus avós – que eram dignas de roteiros de cinema –, minha filha me chamou e disse: "Mãe, acho que eu nunca vou ter histórias para contar aos meus filhos. Não tenho histórias interessantes como as suas, as dos meus avós e bisavós. Acho que vou precisar usar as histórias de vocês...". Nesse momento, percebi que precisava mostrar aos meus filhos sobre como é a vida real, que inspira a arte. Sobre como todas as histórias são válidas e que a beleza está nos detalhes dia a dia. Além disso, fiz questão de assegurar a ela que as histórias da nossa família também são histórias dela. São as raízes de onde ela veio.

Tudo o que vivemos pode se tornar uma história. Quando me separei do meu ex-marido, esse acontecimento também teve reflexo na vida dos meus filhos.

Consequentemente, cada um deles teve a própria perspectiva sobre o que estava vivendo em relação ao pai, em relação a mim e em relação à comunidade. Essas histórias individuais fazem parte de um capítulo que vivemos juntos, mas podem ser contadas de formas diferentes, percebe?

Depois do baque da separação, todos nós tivemos que encarar de frente os amigos, a escola e o julgamento dos outros. Enfrentamos a mesma dor, mas com diferentes obstáculos. Lembra quando falamos sobre a análise de perfil? Cada personalidade lida e reage a acontecimentos de uma forma diferente e, portanto, pode contar uma nova narrativa, mesmo que a temática seja a mesma.

Contar a própria história a partir da própria perspectiva é, justamente, o motivo pelo qual conseguimos criar vínculos. Quando alguém compartilha um acontecimento e a forma como lidou com ele, conhecemos mais sobre aquela pessoa e sobre como ela reage. Quais são os sentimentos dela. É a partir daí que começamos a nos reconhecer no outro e a encontrar identificação.

Ter essa clareza é necessário para incentivar seus filhos a contar as próprias histórias respeitando quem eles são. Antes de me separar, eu trabalhava com jovens e fazia muitas palestras. Minha casa estava sempre cheia de gente e, às vezes, eu oferecia jantares para 60 pessoas. Quando não eram os jantares, eram os eventos sociais com 200, 300 e até 400 convidados. Meus filhos cresceram observando tudo isso, e tenho certeza de que são capazes de transformar muitas memórias em histórias.

Incentive seus filhos e peça para que eles contem histórias sobre eles, sobre a infância. Peça detalhes, pergunte. As crianças têm uma imaginação incrível, deixe que elas brinquem com a contação de histórias. Se antes de colocar seu filho para dormir você costuma ler um livro para ele, inverta os papéis e diga que é a vez dele de contar uma história. Tenho certeza de que darão boas risadas e você vai se surpreender com a criatividade dele.

Minha filha mais velha se casou e hoje mora em Londres. Ela superou momentos difíceis relacionados ao divórcio e hoje vive a vida dela e constrói a própria história. Durante a pandemia, ela descobriu que tinha Síndrome de Crohn. Ao longo de um ano, passou por diversas cirurgias, longe da família e enfrentando tudo sozinha com o apoio do marido. Tenho certeza de que a força que ela teve veio de tudo o que vivemos juntas e da história da nossa família.

Uma das histórias mais marcantes que ouvi dos meus filhos veio da minha segunda filha. Depois de terminar o ensino médio, ela me disse que queria estudar fora por um ano para descobrir quem ela era de verdade e para sair um pouco da zona de conforto. Ela queria encarar os próprios medos e eu incentivei. Muito corajosa.

Foi sozinha estudar em Manchester depois de conseguir uma bolsa. No começo, ela me ligava sempre chorando porque não conhecia ninguém e não falava o idioma muito bem. Sentia saudade das amigas, mas ela sabia que aquela experiência faria bem para ela. Quando veio a pandemia e ela não conseguia voltar para o Brasil, acabou sendo escolhida como a representante do seminário em que ela estudava. Isso é considerado por lá um grande feito.

A maior dificuldade dessa minha filha sempre foi falar em público, e assim que recebeu a notícia, a primeira reação foi me ligar desesperada, porque a representante deveria falar para todo o seminário uma vez por semana. Lembrei a ela o motivo pelo qual ela tinha se desafiado e relembrei quantos outros obstáculos ela já tinha superado até chegar ali. Lembra que falamos sobre demonstrar confiança? Disse a ela: "Filha, eu confio que você vai conseguir". E foi fantástico! Ela conseguiu falar em público com segurança e clareza. Depois, me ligou toda orgulhosa de si para compartilhar o que tinha vivido. Foi uma linda história de superação. Falei para ela: "Viu? E você achou que nunca teria uma história para contar".

Sei que, a partir das técnicas de *storytelling*, meus filhos conhecem as próprias raízes e sabem quem são, e sabem compartilhar as próprias vivências. Tenho certeza de que não só eles aprenderam a contar as histórias da família deles, como têm muito orgulho das próprias histórias que podem contar.

Compartilhar histórias entre a própria família

Minha avó foi colocada em um trem para Auschwitz. Os nazistas ficavam em cima dos vagões desses trens, com metralhadoras, para garantir que não houvesse nenhuma tentativa de fuga. No mesmo trem, estavam ela, o pai e o irmão. Eram trens superlotados e as pessoas ficavam todas esmagadas dentro dele. Sem saber o que estava acontecendo e para onde estavam indo, a única certeza que tinham era a de que estavam em perigo.

Num rompante de coragem, o pai da minha avó abriu a porta do trem e jogou um casaco para despistar os nazistas, e enquanto eles atiravam no casaco, os três aproveitaram para pular e sair correndo. Minha avó levou um tiro no pé, e sempre mostrava a marca da bala que a atingiu enquanto ela corria pela própria vida.

Eles fugiram e se esconderam em uma caverna debaixo da terra. Chegaram a comer grama e insetos para sobreviver. Às vezes, aparecia um ou outro polonês com um prato de sopa para ajudar, e, felizmente, ela sobreviveu.

Essa é mais uma das histórias compartilhadas dentro da minha família e que sempre me trouxe muita coragem e ousadia. Perceber que a garra e a vontade de viver sempre estiveram presentes, em muitos dos meus familiares, sempre me deu força para enfrentar qualquer adversidade. Para nós, um dos valores mais claros que segue sendo ensinado durante gerações é esse: a vontade de viver. E eu tenho muita!

Como educar se não sei me comunicar?

Pode parecer contraditório, mas meu avô dizia que as noites na floresta foram algumas das mais felizes na vida dele. Toda noite, eles se juntavam em volta de uma fogueira, com uma garrafa de vodca. Eles bebiam, cantavam e dançavam todas as noites para celebrar o fato de que ainda estavam vivos. Agradeciam por ter uns aos outros para se aquecer e compartilhar aquele momento. E a partir dessa história, extraio mais um valor para perpetuar: gratidão.

Durante toda a pandemia, sempre pensei muito nessa história. Várias vezes, à noite, eu me arrumava, me maquiava e colocava uma roupa bonita para ir para a sala ligar a TV. Eu ouvia música, bebia, e dançava com meu marido inspirada no meu avô. Eu dizia: "Vamos, vamos comemorar mais um dia de vida".

Sei que lidar com um vírus que matou tanta gente não foi fácil. Sentimos muito medo e apreensão. Ao mesmo tempo, às vezes sentimos saudades dessas noites e dias em que ficamos tão unidos, buscando alegria e gratidão pelo que tínhamos.

Todas essas histórias foram muito importantes na minha trajetória, principalmente quando eu me vi em uma guerra pela sobrevivência. A pandemia foi um teste universal para mostrar quem nós somos, quem nós queremos ser. Além de uma oportunidade para educarmos nossos filhos com nossos valores e sobre o que representa a luta pela vida.

As histórias dos outros

Já falei aqui antes sobre a importância do bar mitzvá no judaísmo e como esse momento é esperado pelos meninos — e por toda a família, claro — para celebrar a maioridade judaica. Em janeiro de 2022, meu filho mais novo preparou um lindo discurso para apresentar no púlpito da sinagoga. Qualquer mãe estaria emocionada em uma ocasião como aquela, mas imaginem a minha surpresa quando percebi que ele aproveitou o momento para contar histórias e falar sobre valores. As grandes lições que espero que você extraia deste livro.

A seguir, transcrevo algumas partes das palavras dele:

"Se uma pessoa cava um buraco no chão, ou descobre um buraco e não o cobre de novo, caso um boi ou um jumento caia nele, o responsável pelo buraco deve pagar.

Na Parashat Mishpatim, a torá nos ensina as leis que têm a ver com danos e prejuízos, que a propriedade de uma pessoa pode causar à outra. Ensina também as leis sobre os danos que uma pessoa pode causar a outras ao cavar buracos na terra. Mas quero trazer para vocês o jeito mais apropriado de se entender as leis de danos, que é sob o ponto de vista do livro Chinuch: a raiz e a essência das leis de danos e prejuízos vêm da Mitsvah 'vehavta lereachá camochá' — ou seja, ame a seu próximo como a si mesmo.

Quando você se preocupa e se importa com os outros de verdade, automaticamente, você vai ter muito cuidado para não fazer coisa alguma que possa causar danos ou sofrimentos a eles. Quando pessoas gentis e bondosas, que têm compaixão ao próximo, conhecem e estudam essas leis, eles não vão nem pensar em quanto dinheiro precisarão pagar caso alguma tragédia do tipo aconteça. Vão, sim, se preocupar com o que eles podem fazer para evitar causar aos outros qualquer perda ou dor.

Quando perguntaram ao grande sábio Rabbi Avraham Yeshayahu Karelitz qual era o objetivo de uma vida, ele respondeu: 'Passar pela vida sem magoar pessoa alguma'. Já o Chafets Chaim falava: como podemos saber que pessoa estudou Massechet Bava Kama corretamente?

Se notarmos como ele toma cuidado para fechar uma janela, para que o vento não bata no rosto de outra pessoa.

(...)

Gostaria, primeiramente, de agradecer a H'm por esse momento de alegria e união, já que nos últimos dois anos quase não pudemos estar juntos em comemorações. Agradeço muito por estarmos todos aqui com saúde e reunidos. Quero começar agradecendo meu pai e minha mãe, não só por me educarem, por estarem ao meu lado sempre que preciso, mas por me dar a chance de ter uma família grande e unida, com todos convivendo em paz. Isso é um privilégio e um presente inestimável para mim.

Meu pai é meu mentor espiritual, que me traz ensinamentos profundos da torá. Sem ele, eu não teria a inspiração que tenho para meus estudos e meu crescimento. Espero sempre ansioso pelas nossas conversas na mesa de shabbat.

Minha mãe é minha coach. Sempre me ajuda em momentos em que estou confuso ou em conflito com algo. Além de ser um grande exemplo para minha vida como ser humano, já que sempre me faz refletir sobre tudo.

Quero abrir um agradecimento para meu padrasto, tio Frank, que divide comigo momentos alegres, tristes, emocionantes, participa de tudo com muito carinho e me ensina sobre assuntos gerais, tipo economia e futebol, já que torcemos pelo mesmo timão.

Meus avós Jacó e Cilly são como meus pais. Eles me acolhem como filho e a casa deles é minha casa. Adoro todos os nossos momentos juntos, mas, principalmente, nossas noites de sushis e os meus papos com a minha avó na cama dela.

(...)

Deixei por último a parte mais emocionante. Como nada é por acaso, hoje é o dia internacional em memória às vítimas do Holocausto. E eu sou, com muito orgulho, bisneto de sobreviventes. Mesmo não estando aqui entre nós, me inspiro neles, e vou continuar me inspirando até o final da minha vida. Honrando a história deles, sempre com muitas saudades de escutar meu biso e de estar com ele. Ano passado vivi dias muito tristes, acompanhando a partida dele até os últimos segundos, mas isso só me deu mais força para não esquecer jamais o que ele sempre dizia: 'A vida é uma luta!'"

Minha profissão me permite ouvir, todos os dias, as mais diferentes e emocionantes histórias entre pais e filhos e sobre as relações familiares. Quero compartilhar uma, em especial, que tenho acompanhado há algum tempo. Conheci Carla Chisman quando ela ainda era solteira. Acompanhei um sofrido processo de câncer de útero que a impossibilitou de engravidar, mas também pude acompanhar o casamento dela. O desejo de ser mãe sempre foi forte, portanto, a adoção foi o caminho que ela escolheu para que isso se tornasse realidade. Não só uma, como duas vezes. A Carla enfrentou todos os desafios comuns às mães e, além deles, todos os desafios extras que vieram com o fato de ser uma mãe adotiva. Ela sempre compartilhou algumas dificuldades comigo e sempre busquei apoiá-la e ajudá-la como pude.

Durante a pandemia, criei um *workshop* do qual ela participou e que foi um grande divisor de águas para a vida dela. E me deu muita satisfação saber que eu pude, com o meu conteúdo, ajudá-la a lidar melhor

Como educar se não sei me comunicar?

com os comportamentos desafiadores dos filhos e com questões de posicionamento, postura, escuta e fala. O resultado, você pode ler pelas palavras dela:

"A Stella, para mim, há muitos anos é um exemplo. O que mais me surpreende é que ela não é uma personagem que nas mídias oferece uma coisa e que, na casa dela, é diferente. Com ela, na casa de ferreiro o espeto é de ferro!

Quando a Stella anunciou o workshop de comunicação com os filhos, eu fiz questão de participar. E as lições ali aprendidas vêm me inspirando dia após dia para que eu me torne não só uma mãe melhor, como uma pessoa melhor.

A conversa madura, sincera, é muito importante porque quando seu filho percebe que você o valoriza e confia nele, ele cria uma autoconfiança e quer assumir responsabilidades.

Mostrar o correto (e o contrário), explicar de forma verdadeira a razão pela qual se toma determinadas decisões, e as consequências dessas escolhas, fará com que seu filho aprenda a decidir com responsabilidade, além de aceitar as regras.

Compartilhar experiências próprias, lembranças, memórias e mostrar que você, um dia, já foi criança, cria laços, pois o seu filho consegue se espelhar e entender melhor que ele também vai crescer um dia. Saber que nós os entendemos traz tranquilidade.

Por exemplo, meu filho come super-rápido, muitas vezes sem esperar a comida esfriar. Eu contei para ele que, certa vez, comi uma lasanha tão quente que me queimou o esôfago. Hoje, toda vez que sirvo as crianças e falo para tomar cuidado porque está quente, meu filho diz: 'Precisa esperar esfriar para não queimar e ter que ir ao hospital, como aconteceu com a mamãe!'.

Outro ponto importante é quando expressamos nossos sentimentos, isso faz com que as crianças entendam que é normal ter sentimentos, e que vamos entender os deles quando for preciso. Dizer, por exemplo, 'a mamãe está feliz, está triste, orgulhosa, muito cansada, preocupada com mil coisas' e explicar que os sentimentos podem, às vezes, nos deixar mais sensíveis ou irritáveis, esclarece os fatos e nos permite dizer 'por favor, entendam meu sentimento e colaborem porque não quero descontar em vocês, que não são responsáveis pelo que estou sentindo agora'.

Com esse tipo de diálogo, ensinamos nossos filhos que todos temos sentimentos e que devemos expressá-los; que um deve entender e respeitar o sentimento do outro e que não devemos descontar em ninguém, mas, sim, expressar o que estamos vivenciando.

Todas essas atitudes melhoram muito a relação com as crianças, porque você passa a tratá-las com respeito e mostra que deposita confiança nelas. Isso as deixa mais confiantes e cientes de que são capazes. E, com essa autoconfiança, elas têm coragem de se arriscar, se aventurar e conquistar cada passo.

A frase mais inesquecível que escutei da Stella foi: 'A empatia começa em casa, no banheiro, quando pensamos no outro quando termina o rolo de papel higiênico na nossa vez!'. Com essa frase, você já aprendeu tudo!"

Parte 7:
Que filhos eu quero deixar para o mundo?

❧ PARTE 7 ❧

Tenho certeza de que você já ouviu a frase: "Que mundo eu vou deixar para os meus filhos?". Quando me dizem isso, eu sempre prefiro inverter esse questionamento e, portanto, agora que estamos chegando ao final do livro, eu pergunto: depois de ler tudo o que leu até aqui: que filhos você quer deixar para o mundo?

Espero que, depois de ter lido este livro, você tenha percebido que quando pensamos em ter um futuro melhor, precisamos nos perguntar quem serão as pessoas que continuarão o que nós começamos. Nossos filhos e netos são a representação de quem somos, das nossas atitudes, dos nossos valores e da nossa postura. Serão eles os responsáveis por impactar o futuro do planeta.

Quando a sociedade levanta bandeiras de feridas abertas e inflamadas, quero que você perceba que a

Como educar se não sei me comunicar?

educação parental é a medicina preventiva para que tenhamos pessoas mais saudáveis mentalmente.

Se ensinamos valores, respeito e amor ao próximo, compreendendo a nossa responsabilidade e compromisso em criar cidadãos melhores, depois, não será preciso lutar contra o machismo, o racismo, o antissemitismo, a xenofobia e o abuso infantil, entre tantas outras questões sociais.

A maioria dos distúrbios de caráter são consequência de uma má formação dentro de casa. E podemos evitar muitos conflitos nas relações humanas se as nossas crianças tiverem, em casa, um ambiente estável, seguro, emocionalmente protegido e mais acolhedor. Pais educadores promovem debates saudáveis e positivos em casa. Permitem o amadurecimento e crescimento.

O exemplo precisa vir de nós. Não adianta apenas dizer ao seu filho que é feio mentir e enganar, que a corrupção é horrível, e depois assinar TVs piratas ou "fazer um gato" na luz. Contar uma mentira na frente de seu filho é dizer que ele pode fazer o mesmo. Daí a importância de compreendermos o quanto a comunicação, seja ela verbal ou não, é fundamental na educação dos filhos.

O que nós ensinamos aos nossos filhos é o que eles passarão adiante. A partir de hoje, passe a se perguntar qual é o cidadão que você quer que seu filho seja. Em seguida, se olhe no espelho e veja se você é esse exemplo para ele.

A partir de hoje, procure a educação parental para ajudá-lo em suas dificuldades. Pedir ajuda não é sinal de fraqueza. Permitir-se ser vulnerável para ter uma comunicação mais eficiente irá trazer experiências e resultados que você nunca imaginou.

Compreenda agora que você faz parte de uma corrente, e que essa corrente tem um efeito borboleta grande e poderoso para o futuro do planeta. Casas são construídas com um tijolo por vez. Nossas ações, pensamentos e falas importam.

Carta ao leitor

Uma vez, quando meus filhos ainda eram pequenos, eu estava me sentindo muito esgotada. Como já disse, educar não é fácil e demanda bastante energia emocional (e física, principalmente, quando ainda são pequenos). Eu trabalhava bastante e, naquela semana, estava especialmente cansada, mas fui assistir a uma aula, só para mulheres, sobre as vítimas do Holocausto. Era uma data especial no calendário judaico.

Nunca me esqueci de uma frase que a professora – uma mulher maravilhosa – disse para nós naquele dia:

— Às vezes, a gente está cansada e acha que não aguenta mais. Os filhos dão muito trabalho e há momentos em que a gente só quer fugir do mundo, dar um grito e falar chega. Quando vocês se sentirem assim, não se sintam culpadas, é perfeitamente normal. Mas nos momentos difíceis, quero que vocês se lembrem das mães que foram separadas dos filhos durante o Holocausto. Das mães que foram obrigadas a ver os filhos desaparecem em trens, sabendo que nunca mais os veriam outra vez. O quanto elas dariam tudo para ter tido a oportunidade de criar e educar os próprios filhos.

A fala dela entrou na minha alma e me fortaleceu imediatamente. A cada vez que me sentia fraca, pensava nisso. Por mais rede de apoio que tenhamos, a maternidade é solitária, e essa fala dela me trouxe uma visão diferente.

Depois desse dia, sempre busquei palavras, ideias e conhecimentos que me fortalecessem no papel de mãe e educadora. Desde então, eu entendi a importância de compartilhar histórias e de buscar experiências inspiradoras. Minha intenção, com este livro, é que a união do meu conhecimento sobre educação parental com as histórias da minha família possa servir de inspiração para você.

Espero que este livro inspire pais e mães a encontrar a força e a tranquilidade para se sentirem realizados na missão de educar os filhos. É uma missão dura e exigente, mas que pode ser menos dolorosa quando buscamos nos preparar. A educação parental nos desenvolve enquanto seres humanos e nos dá, em troca, a melhor recompensa possível: filhos preparados para o mundo.

O caminho para se tornar um pai melhor ou uma mãe melhor é cheio de obstáculos, mas você é capaz de conquistar o que quer. Quando meu avô salvou 103 pessoas dos campos de concentração, ele não fez isso de uma vez só. Era necessário ter um plano, observar e agir. Uma noite por vez, uma pessoa por vez. Dê, você mesmo, um passo por vez, mas não desista do que quer.

Eu não espero mudar o mundo inteiro com o livro que você tem nas mãos, mas se eu puder tocar cada

Como educar se não sei me comunicar?

pessoa durante esta leitura, posso ajudar a construir uma família melhor e mais saudável por vez.

Sei que a pandemia deixou todos nós com as emoções e o psicológico abalados, mas juntos sairemos dessa situação de guerra para comemorar a sensação de estarmos vivos. Pelas histórias que ouvi do meu avô, aprendi, de verdade, o que significa a máxima: "Viver cada dia como se fosse o último".

Portanto, se você sente que errou hoje, não se culpe. Amanhã é um novo dia para recomeçar. E você pode começar buscando melhorar a sua comunicação, porque ela é a raiz da maioria dos problemas. A fala tem um poder muito grande e penetra na alma das pessoas. Buscar a sua melhor versão no diálogo será muito poderoso.

Como jornalista, eu sempre busquei denunciar o que eu achava errado e mostrar o que eu achava que funcionava e era exemplo. Sempre tive na minha alma esse olhar de construção de um mundo melhor. Mas sempre muito externo. Quando eu cresci e amadureci, finalmente entendi que a mudança começava por mim e isso foi transformador.

Às vezes a gente se sente pouco reconhecida no papel de mãe educadora. Essa não é uma atividade que traz troféus, medalhas e um cartaz como a funcionária do mês. Não há promoção, nem aumento de salário. Não existe nada muito palpável, aos olhos da sociedade, que concretize de uma forma visível que você foi uma boa mãe.

O resultado é em longo prazo, difícil de mensurar. Mas não tem nada mais realizador para um pai ou uma mãe do que ver um filho bem-sucedido no que se propôs, feliz e saudável emocionalmente. Lembram que contei antes sobre a reunião de pais que aconteceu pelo Zoom? Quando os professores começaram a se emocionar para falar do meu filho, o que mais me marcou foi que nenhum deles, em nenhum momento, mencionou o desempenho escolar dele ou as notas que tirou. A admiração de todos os professores era em relação à postura que ele apresentava. Meu filho não corre na frente dos amigos para pegar o melhor lugar no refeitório, sempre espera a vez dele de falar, a todo momento tem uma palavra de apoio para quem precisa de ajuda e sabe demonstrar empatia quando sente que um professor não está bem.

Quando uma das professoras me disse que se sentia mais feliz às sextas-feiras porque sabia que daria aula

Como educar se não sei me comunicar?

para o meu filho, eu não consegui segurar a emoção e desmoronei. A coordenadora encerrou a reunião com lágrimas nos olhos e disse que era uma honra para a escola ter um filho como o meu.

Eu gostaria que pais e mães pudessem experimentar essa emoção um dia na vida. Terminei a reunião com a sensação de missão comprida. E espero que você possa sentir o mesmo!

Meu avô sempre repetia para mim: "A vida é uma luta, minha neta!". E essa frase me acompanha e permeia a minha vida. Acompanha meu marido, meus filhos e todas as pessoas que me seguem nas redes sociais, porque vivo repetindo isso.

Nós não estamos sozinhos nessa luta. Estamos juntos, e isso é maravilhoso!

Escola de Pais

A Escola de Pais é um outro filho meu que nasceu durante a pandemia. Eu sentia a obrigação e a missão de oferecer para a sociedade um projeto encorpado, profundo, real, verdadeiro e amplo que pudesse assistir os pais em todos os desafios que eles enfrentam no dia a dia.

É um projeto no qual investi todos os meus recursos. Um projeto de amor e de muita competência. Na Escola de Pais, você vai encontrar a união de profissionais que compartilham uma crença em comum: pais bem-preparados preparam os filhos para os desafios da vida. Além de profissionais, somos todos pais e mães que vivenciam os mesmos desafios e dores que você todos os dias e, portanto, entendemos como ninguém.

Quem trabalha na Escola de Pais não busca apenas sucesso profissional e financeiro. Faz parte dos nossos valores querer fazer a diferença e deixar uma mensagem para o mundo. Eu estaria traindo meus próprios valores se não tivesse a coragem de empreender em algo tão disruptivo e inovador, que buscasse mudar a cultura em que vivemos para inserir um novo pensamento. Eu teria traído tudo em que acredito se não tivesse a ousadia para, pelo menos, tentar oferecer uma mudança para a sociedade.

Nossa intenção é mudar o *mindset* dos pais para que eles compreendam que precisam mudar primeiro a si mesmos se desejam educar os filhos; não basta delegar para a escola, ou parentes, ou para a rua e a Internet.

Então, eu convido você, leitor – que, ao ler este livro, já deu o primeiro passo em direção a sua melhor versão – a conhecer a Escola de Pais. Acesse o nosso site, conheça a nossa programação, o nosso conteúdo, e acompanhe-nos em nossas redes sociais.

Deixo também o convite para que você me siga no Instagram. Ali, você vai encontrar uma vida real e transparente, e um espaço para trocarmos mensagens e experiências. Tenho certeza de que você vai se identificar em algum momento!

www.stellaazulay.com.br
Instagram: @stellaazulay
YouTube: Stella Azulay
Facebook: Stella Azulay
LinkedIn: Stella Azulay
www.escoladepaisxd.com.br
Instagram: @escoladepaisxd
YouTube: Escola de Pais XD

Epílogo:
Não faça,
seja a diferença no mundo

Exatos 21 meses separam os dois momentos que transformaram radicalmente a minha paternidade: a morte do meu pai e o meu divórcio. E muito embora essas duas experiências sejam relativamente comuns a boa parte das pessoas, especialmente a primeira, cada um as absorve no seu tempo e a sua maneira.

Assim como não existe comparativo para dor, também não existe comparativo para recomeços. O mesmo se aplica à paternidade. Ninguém é "mais ou menos" pai.

Ninguém "é um pai melhor do que o outro".

Somos aprendizes ralando para transformar uma experiência paterna em algo mais leve do que vivemos na infância e na adolescência – ou menos traumático. Como pais de primeira ou muitas viagens, trabalhamos para que os nossos filhos não hospedem

Como educar se não sei me comunicar?

a pressão, os vieses e os preconceitos herdados das gerações anteriores.

O antídoto? Terapia, terapia, terapia...

Porque o autoconhecimento é uma estrada só conhece o caminho de ida e, uma vez inseridos em seus trilhos, dificilmente voltamos para a etapa inicial.

Mas deixando de lado a filosofia de sofá, está claro para mim que educar nos anos 2020 é substancialmente diferente do que nos meus tempos de menino, nos anos 1970 e 1980, e em todas as décadas seguintes, incluindo a de 2010.

Estamos falando de um mundo exponencial, atordoado pelo digital e às vésperas de uma Web 3.0, que transformará a maneira como consumimos conteúdos, produtos e serviços, como compramos e como vendemos, e, em especial, como nos relacionamos.

Graças ao Metaverso e a todas as realidades mistas e imersivas que vêm aí, seremos humanos cada vez mais digitais.

Nossos filhos, as crianças e adolescentes de hoje, já nasceram com esse *chip* implantado. Talvez não tenham essa dimensão por completo, aliás, penso que ninguém a tem, mas certamente vislumbram um amanhã com incríveis possibilidades.

Diante desse desafio, o que eu me pergunto, e ouço outros pais se perguntarem igualmente, é como educar em multicontextos, com tantas influências e gatilhos que brotam das telas, dos áudios, das conversas com amigos e dos meios diversos em que os nossos filhos estão inseridos?

Este, a meu ver, é o grande desafio da paternidade neste cada vez mais barulhento século XXI: educar no caos. Não somente o caos externo, e seus milhares de *inputs*, e sim o caos interno, seja dentro de casa, seja dentro do indivíduo, com meninas e meninos que se tratam como "menines", que criam *startups* milionárias antes dos 17 anos ou que não veem valor na escola ou universidade.

Stella Azulay abre seu livro nos recordando que, quando queremos ensinar algo aos nossos filhos, precisamos nos imaginar como seus mentores. "Sim, é preciso criar regras, mas também é preciso ser sempre coerentes. A admiração que os filhos desenvolvem pelos pais é construída conforme eles crescem e enfrentam a vida adulta. Só então eles passam a perceber

Como educar se não sei me comunicar?

como foi bom ter recebido uma educação com limites", escreve ela, com maestria.

O ponto da autora é perfeito: nós só conhecemos os nossos limites quando passamos deles. E ao passarmos de um que jamais poderia ter sido ultrapassado, o resultado pode ser catastrófico: cancelamento, *cyberbullying*, *expose* e outras dores.

Aliás, é pela dor, e não pelo amor, que você leu as primeiras palavras de Stella no livro: "A dor de não conseguir se comunicar com os filhos".

Qual é o pai que não se dói ao não conseguir se comunicar com o filho, criar a troca, estabelecer a intimidade, formar o vínculo?

Qual é o pai que não quer transpor barreiras e falar sobre os próprios sentimentos?

Ao nos lembrar que "pais não são perfeitos", Stella passa por dilemas necessários e nem sempre fáceis de engolir: confiança e limites; autoridade versus respeito...

"O mundo mudou, criação não tem a ver com imposição", escreve Stella Azulay, coberta de razão. O pai, hoje educador, mentor e influenciador, sabe que o ensino dos valores começa em casa e que ninguém consegue gerir um problema ou uma crise se não tiver uma gestão das próprias emoções; ou quando não reconhece que há um problema; ou quando não tem coragem para pedir ajuda.

Por isso "Como educar se [não] sei me comunicar?" é tão necessário. Porque nos traz à luz para uma nova educação – a nossa forma de educar como pais e responsáveis, com escuta, sentimentos e conversas maduras.

Uma educação que engloba conceitos comuns a uma vida até então paralela, a corporativa, hoje naturalizada em casa, graças ao trabalho remoto. Uma educação que absorve *hard* e *soft skills*, competências técnicas e socioemocionais, a importância de saber contar uma boa história, o *storytelling*, e a valorização da nossa autenticidade.

Porque memórias afetivas criam vínculos e humanizam as relações.

Em 2017, eu publiquei no LinkedIn um artigo intitulado "O que você quer ser quando morrer?". Nele, escrevo que todo legado é um processo, uma construção e, antes de tudo, um aprendizado. Para construí-lo com sabedoria, deve-se inicialmente respeitar os obstáculos, aceitar as derrotas e, sobretudo, aprender a saber vencer.

O legado se constrói exemplo por exemplo, para depois ser repassado como uma corrente.

Você não precisa ser um escritor famoso, artista ou empresário bem-sucedido para deixar um legado consistente. Existem inúmeros exemplos de homens e mulheres incríveis, cheios de sabedoria, que vivem em lixões. E outros milhares de supostos líderes empresariais que serão lembrados apenas por seu egoísmo, tirania e desonestidade intelectual.

Encerro o texto com mais perguntas do que respostas: "Quais valores você deixará ao partir? Você passou todo o seu conhecimento em vida? Quantas pessoas você ajudou? Provocou mais sorrisos ou lágrimas por onde passou? Construiu mais pontes ou barreiras? Mais falou do que fez? Doou mais ou apenas recebeu?".

Se você ainda não parou para pensar nisso, aqui vai uma boa notícia: dá tempo.

Parabéns, Stella, você é a diferença no mundo.

Marc Tawil,
Pai da Cora, do Josh e do vira-lata Woody.
Comunicador, LinkedIn Top Voices & Instructor,
Keynote e TEDxSpeaker.